小学数学课堂有效互动的研究与实践

钟海英 著

东北师范大学出版社

长春

图书在版编目（CIP）数据

小学数学课堂有效互动的研究与实践/钟海英著
.—长春：东北师范大学出版社，2021.5
 ISBN 978-7-5681-7607-1

Ⅰ.①小… Ⅱ.①钟… Ⅲ.①小学数学课—课堂教学
—教学研究 Ⅳ.①G623.502

中国版本图书馆CIP数据核字（2021）第089351号

□责任编辑：石　斌　　　　□封面设计：言之凿
□责任校对：刘彦妮　张小娅　□责任印制：许　冰

东北师范大学出版社出版发行
长春净月经济开发区金宝街118号（邮政编码：130117）
电话：0431-84568115
网址：http：∥www.nenup.com
北京言之凿文化发展有限公司设计部制版
北京政采印刷服务有限公司印装
北京市中关村科技园区通州园金桥科技产业基地环科中路17号（邮编：101102）
2021年5月第1版　2021年7月第1次印刷
幅面尺寸：170mm×240mm　印张：15.5　字数：234千

定价：45.00元

前言
FOREWORD

随着时代的不断发展，小学数学教学开始面临极大的挑战，教师需要不断探究新的课堂教学方式，创设能引导学生主动参与的教育环境，注重培养学生的独立性和自主性，激发学生的学习积极性，培养学生掌握和运用知识的态度和能力，使每个学生都能得到充分的发展，真正将学生放在课堂教学的主体地位上。有效互动教学作为一种贯串式的教学方式，越来越受到广大教师的关注。在这样的背景下，教师要注重积极开展有效的互动教学方式。所以，作者通过对小学数学课堂有效互动的教学实践进行分析和探究，希望能提升小学数学教学的效率和质量。

课堂教学是新课程改革的前沿阵地，有效互动教学是提高小学数学教学效率和质量的必要途径。本书立足于"有效互动"这一背景，针对小学数学课堂教学做出相应论述。全书根据阐述的观点可以分为四个部分：第一部分为第一章和第二章，简单介绍了"互动"与"课堂互动"的相关概念及内容；第二部分为第三章和第四章，主要阐述有效互动课堂对教师和学生的要求以及对教师教学技能和学生自主学习能力的培养；第三部分为第五章，针对信息化背景下的高效数学课堂的教学策略做了详细描述；第四部分为第六章和第七章，通过大量的教学设计和教学案例来阐明有效互动教学方式是提升小学数学教学效率和质量的必要途径。

在撰写本书的过程中，作者参阅了部分相关研究成果，并对其中一些观点进行了引用，在此对其研究者表示衷心的感谢！由于时间较为仓促，作者精力有限，书中难免存在一些不足之处，敬请各位同行和广大读者予以批评指正。

目录
CONTENTS

第一章　绪　论……………………………………………………… 1

第一节　互动教学概述 ………………………………………… 2
第二节　互动教学的主体：教师与学生 ……………………… 16
第三节　互动教学策略 ………………………………………… 27

第二章　小学数学课堂有效互动 …………………………………… 31

第一节　课堂有效互动的起源 ………………………………… 32
第二节　小学数学课堂有效互动的基本特征 ………………… 36
第三节　小学数学课堂有效互动存在的问题及实施策略 …… 39

第三章　有效互动课堂——培养学生自主学习能力…………… 57

第一节　教学正迁移互动：学生解决问题能力的提升 ……… 58
第二节　小组合作学习互动：学生合作能力的培养 ………… 68
第三节　综合实践活动课堂教学：学生高阶思维的锻炼 …… 86
第四节　多方互动式课堂教学：学生自主学习能力的提高 … 93

第四章　有效互动课堂研讨——提升教师教学技能……………101

第一节　教师数学教学设计技能提升 …………………………… 102
第二节　教师数学课堂组织技能提升 …………………………… 120
第三节　教师数学习题设计技能提升 …………………………… 140

第五章　整合信息技术，实现数学课堂高效互动……………145

第一节　信息技术与数学课堂互动概述 ………………………… 146
第二节　信息化环境下小学数学课堂互动教学策略 …………… 151
第三节　整合信息技术，实现数学课堂高效互动教学案例 …… 155

第六章　造就高效互动课堂教学设计……………………………163

第一节　用"评价标准"指导课堂教学的备与讲 ……………… 164
第二节　用好新教材，落实数学核心素养 ……………………… 174
第三节　巧用心理暗示，促进数学教学互动 …………………… 179
第四节　实施课堂互动作业，构建高效课堂 …………………… 183

第七章　小学数学课堂有效互动教学案例………………………197

第一节　小学数学课堂教学有效互动的行动研究案例 ………… 198

第二节　小学数学综合实践课有效互动教学研究案例 …………… 207
第三节　小学数学计算课有效互动教学研究案例 ………………… 219
第四节　小学数学解决问题课有效互动教学研究案例 …………… 229
第五节　小学数学课堂有效教学研究案例 ………………………… 234

参考文献 …………………………………………………………………… 238

第一章

绪 论

第一节　互动教学概述

一、互动理论

20世纪初，欧洲成为社会学研究的圣地。社会学家热衷于对阶级冲突、社会有机体及其进化等宏观的社会过程及社会结构，以及具体的个人行为方式和抽象的心理特征等问题进行研究。这些研究催生了一些具有影响力的理论，如冲突理论、结构功能理论，也催化了实证主义社会学、心理学主义社会学和社会学主义等思想的形成。这些理论与思想影响着社会学的建设与发展，并成为社会学主流。互动理论正是在这样的背景下产生的。

（一）互动理论的主要观点

实用主义思想作为一种思想运动，它的广泛传播推动了"互动论"社会学的产生。实用主义强调变化不定的经验世界，以此向美国社会的形式主义思想挑战。它与黑格尔的思想相反，坚持经验是发展的源泉；也与康德的理论不同，强调经验是人类知识之本。世界和人是实用主义的两大主题，实用主义把世界看作一个开放的世界，其特征表现为不确定性、选择性、创新性和可能性。实用主义者认为人的观念不再是服从于自然规律的客体。他们强调，人之所以为人，是通过与其他行动者构成的环境之间的互动（相互作用），成就了他现在的样子。

符号互动论正是在美国实用主义思想影响下产生的，其研究的焦点是社会互动过程和社会关系。符号互动论认为，互动是一个分析单位，社会由互动的个人构成，个人的行为不只是反应，更多的是领悟、解释、行动与创造；个人不是一组确定的态度，而是有活力的并不断变化着的行动者，一直处在生成中但永远不会彻底完成；社会环境不是某种外在的静止的东西，它一直在影响并塑造着我们，但这也是一个互动的过程，因为环境正是互动的产物，即人创造环境，环境同时对人进行塑造；人有内心的生活，同时又是一个自我，自我并非一个心理实体，而是社会互动过程的一个方面；互动的过程首先是一个符号互动的过程，符号被行动者赋予了意义，一种自身与他人共享的意义。因此，关于世界的定义以及对现实的感知与反应，均产生于互动过程之中。

（二）米德的互动论

乔治·赫伯特·米德被公认是互动理论最有影响的创立者。关于互动，他的基本思想是个人、自我、社会均产生持续不断的对话与交往，人类的交往是通过有意义的动作，即在有别于非人类的自觉的意识影响下实现的。他对交往的分析，是从"手势"（或动作）这一概念开始的。动物同样以动作进行对话，但不是有意义的举动，只是对刺激的本能反应，因为它们之间并无对动作意义的理解。米德认为，只有当动作或手势伴随有引起确定反应的意向，并且该动作不仅能引起对方的反应，同时也能引起自己的反应时，有意义的对话才会出现。动作被行为者赋予了意义，手势也就变成了符号，符号的互动正是人类行为的本质特点。通过符号的交流，互动双方就能形成换位思考。

有意义的符号在互动中起着至关重要的作用。因此，米德对其形成过程进行了分析。他认为："有意义的符号的形成是一个复杂的过程，它至少涉及以下几方面的问题：第一，语言使社会行为的参与者理解意义，并使意义得以交流。语言是社会的黏合剂，它使人类组成拥有共同意义的共同体成为可能，但这种共同体不可能产生于动物世界中。第二，抽象思想的出现，使人能够进入一个纯用符号操作的世界，能在想象中排演各种角色和情景。第三，主体成为他自己的一个客体，对他自己的刺激做出反应，与他自己对话，把他自己当作行动的目标，解释和反思他自己的行为，等等。第四，互动的社会制度的形成，没有这种相对稳定的结构，有意义的对话是不可能的。"从这个意义上说，米德的互动理论涉及两类不同的交往与对话的取向，一类是"外在的对话"，即我们一同创造我们共同的世界的互动过程；另一类是"内在的对话",自我的两个不同面之间的对话产生了自我。

由于德国唯心主义未能很好地将主体建立在普通人的日常经验的基础上,因而无法完善地解释自我的起源。米德则将注意力集中在自我与社会的关系这个问题上,结合互动观创造性地构建了他的"自我社会关系论",这也是米德理论最吸引人的地方。米德的理论,特别是其自我理论,对我们研究互动教学有重要的启发意义。在米德的自我理论中,行动和自我是同社会过程联系在一起的,但又是创造的和反思的。个人作为一个有意识的主体,将社会规范内化而参与社会生活,但他也能够怀疑这些规范,从而使共同体免于停滞。同样,在教学中,学生作为行动的主体,其行为和发展总是互动的结果。而在互动过程中,教师如果仅仅将学生看作需要控制的客体,将学生置于被动的境地,那么,互动式教学就只是纸上谈兵。

(三) 布鲁默的符号互动理论

布鲁默在其发表的《米德思想的社会学意义》中,第一次使用"符号互动论"一词。他认为:符号互动论最能反映和概括米德的思想。他总结了互动论的三点假设:第一,人类看待事物的行为是以事物对他们的意义为基础的;第二,这些意义其实是社会互动的产物;第三,通过个人对各自所遇到的符号所做的解释过程,这些意义能得到修正和运用。

布鲁默由此提出了符号互动论,他认为符号互动论主要有如下特征:第一,人类社会是由具有自我意识的个人组成的,自我是使人能够用象征表示其生活环境中的事物、解释他人的行为,并用指示物指示他自己行动的主要机制;第二,个人的行为是构造而非不经意的举动,它是经由自我定义、注意和解释其行动的处境而构造的;第三,群体或集体行动是由个人的行动联合而成的,是由人们彼此解释或考虑自己的行动而产生的。通过角色扮演,个人弄清了他人行动的意图和方向,并在对他人行为的解释的基础上形成自己的行为。

(四) 互动论的后来发展

布鲁默提出符号互动论之后,互动论开始以米德和布鲁默的理论为基础展开,并形成了以下几个倾向:

第一，遵循相对纯粹的布鲁默主义的理论立场，坚持解释的意义并对直接的、开放的互动进行了更进一步的研究。例如，贝克等人基于对功能主义的越轨理论的挑战，提出标签理论。他们反对越轨行为是由"社会系统中的结构性压力造成的"，这样的功能主义的观点认为，正是互动产生了越轨行为，因为人们给重要的行动者贴上"越轨者"的标签，导致越轨者本人也就认为自己是这样的人，造成其更多的越轨行为。

第二，继续坚持外部环境对行动的意义，集体行为理论就是一个很好的例子。集体行为理论可以看作一种新的社会学研究方法，主要的研究对象是社会变迁。集体行为理论的研究方法不是试图从结构的原因上，而是以个人和群体互动的开放形式描述社会的变迁。

第三，进一步发展米德的自我理论。库恩的自我理论把社会结构的个人认同看作行动的动因。这种互动论试图发展一种相对复杂的和决定性的理论，这是关于社会自我怎样运行和社会为什么存在的理论。这种理论倾向采取完全结构主义的研究方法去解释个人的互动。

第四，在超越个人与社会之间的障碍方面做出努力。例如，卡斯非尔德将价值与权力看作偶然的，可以任人摆布的，但却是不可能完全把握的因素。在这一研究倾向上，戈夫曼无疑是最杰出的代表。他认为，从原则上讲，互动的人们要依赖于"符号载体"，符号可以使行动者理解他熟悉的人，其方法是将此人的行为表现与自己先前所拥有的对其他人的行为方式经验进行比较。这个假设的行动者在原则上也依赖过去人们在特殊背景下所采取的行动的经验，或者依据"典型行动者"的个性经验进行推理。

通过对社会学中互动理论的分析，当今我国的教学论研究至少可以从以下几点进行借鉴：第一，我们要将研究视角放在具体的人与人之间的互动上，这样可以使教学论研究进入具体的课堂环境，避免了教学论研究的长篇大论和整体思维，可以使我们关注师生的具体行为和具体的教学情境，为教师的教学提供切合实际的帮助；第二，就学生的发展而言，传统的教学论总是强调学生的发展是教师行为的结果，忽略了学生本身的知识建构问题，忽略了学生行为的习得和各方面的转化取决于学生自身对于外部环境（包括教师）的影响的解释、理解与反思，即取决于学生的自我意识；第三，互动理论强调互动是人与环境的作用，这里的环境包括他人，如果以此为视角，课堂教学中的师生关系无论从教师来看还是从学生来看都是互动关系，这种关系不仅需要我们重新审视学生观，同时也需要我们重新分析教师观，以便在真实的情景中建立合理的师生关系；第四，互动教学研究的焦点，不应当只是关注教师应采用或可以采用的技巧，而是要关注学生在与环境互动中自我发展的特殊性与规律性。

（五）教育社会学中的互动理论

教育社会学作为研究"学校系统中的行为、活动、组织和制度之间结构关系及其互动过程"的学科，其发生和发展不可避免地会受到社会学相关理论及思想的影响。同样地，社会学中的互动理论，也在教育社会学中有所反映，也出现了教育社会学中的一个重要的理论学派——互动理论，并与功能理论、冲突理论相抗衡。

教育社会学中的互动理论与社会学中的互动理论就理论的性质而言有着某种一致性，或者可以认为，教育社会学中的互动理论主要是对社会学互动理论的运用。由于社会学互动理论关注微观的社会生活，因此，教育社会学互动理论同样持有这样的认识。这一理论将研究对象界定在学校生活以及教育过程中，强调要对学校中的人际互动、个体行为进行研究。其研究的主题包括学校生活中怎样进行交往，如何使这种交往产生实质性的意义，等等，因而这一理论更重视研究个人、小群体的某些特质。例如，学生刚入学时怎样看待学校生活？学校的经历对学生有何意义？师生互动是怎样发生的？班级中，学生之间的互动表现出怎样的特征？学生、教师、学校管理者怎样看待与对待这样的互动？

由于教育社会学互动理论将研究重心放在具体的、微观的学校情景上，其主要是解释学校行为，特别是课堂中的师生行为的。因此，这一理论对课堂师生关系的构成和互动模式进行了大量研究。

将互动论真正合理应用于解释课堂师生互动行为的，当属布列克里奇等人的师生互动模式研究。他们提出了如图1-1所示的师生互动模式。

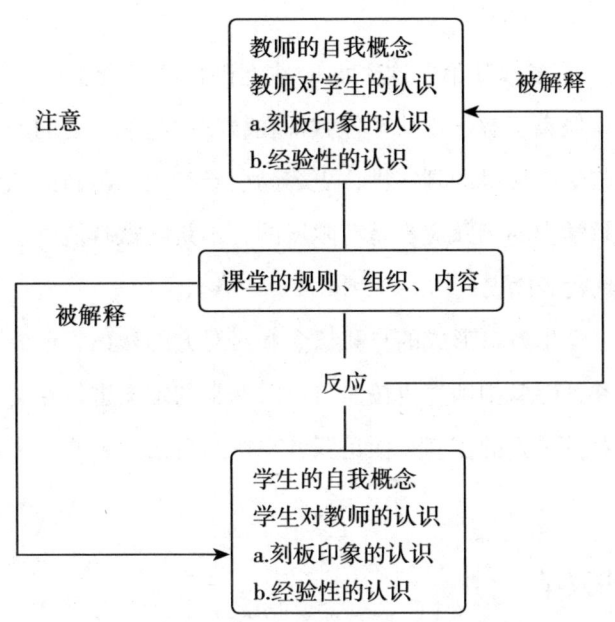

图1-1 师生互动模式（图片来源：《互动教学》）

这一师生互动的模式，运用自我概念、认识、解释、磋商等，对课堂中师生互动何以发生、师生在互动中的角色与地位等给予了较好的解释。其中，"教师的自我概念"是指教师的教育观，即教师对教书育人的综合认识，包括对自己角色的稳定的观点、对社会的看法、对知识和学生的认识等。这种观念性认识，对于教师的课堂互动行为有着极其重要的影响。"教师对学生的认识"一方面基于学生过去的成绩，学生的家庭背景，学生的操行评定，学生的性别、外表等的刻板认识，既然是刻板认识，一般就难以改变；另一方面则是通过与学生的接触，通过不断地了解，重新获得的对学生的经验性认识。这一认识，常常同教师的观念和个性特点相关，即教师是否善于和愿意改变自己的想法。

"学生的自我概念"主要是学生关于学校生活、自尊、学习、自我发展的一种综合性认识。这种认识，对于学生的学校生活和具体行为产生影响，并且由于学生的多样性和差异性，学生的自我概念极为复杂多样。"学生对教师的认识"同样包括刻板印象的认识和经验性的认识，学生会用一种严格的标准来认识教师，如严格或宽松、好教师或坏教师、专制或民主等都可以作为标准。

何为互动？许多教师第一次上课一站上讲台就直奔主题，他们担心一旦讲课外的内容就偏离了教学规律。但教师在教学中与学生之间的交流、互动、幽默和第一次与学生接触的真实性，更容易引导学生学习新的知识。值得注意的是，教师在教学中的幽默应当是有限度的，不是幽默就能营造良好的课堂气氛，也不是幽默就能代表一切。

正是教师、学生各自形成的自我概念和对对方的认识，形成了具体而真实的课堂情景，并且课堂中师生也按照自己对课堂的定义进行互动。课堂中也就不会出现一方对另一方的控制，而是双方在按照自己的策略，通过磋商实现共同进步。

二、互动教学

（一）互动教学的定义

通过对社会学和教育社会学互动理论的分析，我们似乎应该从教学论的视角出发，给"互动"一个概括化的解释。可以说，互动是行为主体借助于一定的手段，与他人（或环境）和自己相互作用、影响的过程。这一定义需要从以下几个方面来解释：第一，他人或环境（无论是物质的还是精神的）都是自我对象化的现象。人们要与他人或环境产生互动，需要主体对其意义给予独特的、稳定的解释，并据此形成自己的互动策略；第二，主体不仅与他人或环境产生互动，也与自己产生互动，即互动对象指向自己的内心世界，如果人们在互动过程中脱离这一点，个体就会缺乏主动性，进而成为他人或环境的附庸；第三，互动需要借助于一定的手段，这些手段涵盖所有的语言和非语言的内容。

互动教学是使用互动理论的一种教学形式，即教师在教学中采用互动并依赖于对话，创造有利于学生发展的环境的教学形式。如果仅仅做这样的解释，我们并不能真正领会互动教学的实质。我们需要先对非互动教学或互动教学不是什么进行分析，然后得出互动教学的本质。

第一，互动教学不是单向影响的教学。在传统的教学思想中，教学常常是由教师单向地向学生施加影响的教学,这种教学,强调教师的中心地位,强调教师的权力,强调学生的被动与服从,从而使教学走向没有学生的教学,于是,"课堂中心、教师中心、书本中心"成为其标志。当然,也有一些观点认为教学是以学生为中心的,所有的教学行为,都应当以学生的需要、兴趣、潜能为出发点。在课堂上,学生成为主宰,"学生中心、活动中心、经验中心"成为其追求的目标。互动教学不是这种单向的,由教师向学生传递信息或教师完全照顾学生的信息从而失去自我的教学,它是多向的教学。在教学中,教师、学生、环境之间发生着多向或多维的信息交流。在这种信息交流中,课堂教学能够实现师生之间、学生与学生之间、师生与环境之间的互动。

第二,互动教学不是任由教师控制的教学。在教学中,教师要充分发挥主导作用,这是我国当代教学论研究所得到的一个重要结论。但是,教师发挥主导作用,并不意味着教师就可以随意控制学生的思想与行为。学生作为互动的主体,有自己对课堂、教学、教师乃至自己的学习、尊严等的认识,他们会根据自己的认识,对外部环境(包括教师)和自己的行为做出解释与选择。因而,如果教师一味地试图控制学生的思想(如按照自己设计的唯一的标准答案要求学生)和行为(如要求学生的坐姿、动作的整齐划一等),都与互动教学的理念相悖。

第三,互动教学不是追求互动形式的教学。新课程自实施以来,它的许多理念受到重视与贯彻。但是,在实际教学中,却出现了为互动而互动的现象,即一味追求互动的形式,而不管教学所应达到的目标。

第四,互动教学不是单一的依赖语言互动的教学。众所周知,语言在教学中的意义十分重要。在互动教学中,教师常常将互动理解为语言的互动,因此,其所理解的互动就是教师提问,学生回答问题的互动,教学也就在这种问答过程中完成。真正意义上的互动必然需要依赖于语言,语言是互动的必要手段,但互动教学如果只是以语言为单一手段,就会变成无休止的说话。从某种意义上说,语言仅仅是互动教学的手段之一,其他的手段(如手势、眼神、身体接触等)也是互动教学所需要的。

根据以上分析可知,互动教学是在师生双方的相互认识、理解、解释的基础上，以教学资源（包括物质的和非物质的）为中介的相互作用的教学，是以师生双方的平等对话为前提的教学，是包括教师与学生、学生与学生、师生与文本互动的教学，是师生共同发展与提高的教学。

但无论怎样的教学，总是存在师生双方的交往。交往实际上是人类存在和发展的一种存在。人类的交往活动从大的方面可以分为两类，即物质交往和精神交往。物质交往又可分为自然物质交往和实践交往，实践交往可以划分为生产交往、经济交往和狭义的社会交往。而精神交往则包括科学（工艺技能）信息交往、价值交往、艺术交往、文化交往和意识形态交往等。交往的这些性质和种类的划分，对于教学而言同样适用。

交往的最高境界是互动的发生，这种互动既体现交往的本质特点，同时，又是交往发展的最高标志。可以说交往是互动的前提与条件，但并非存在交往就必然有互动发生。就教学而言，师生之间、学生之间无时不发生交往，但却不一定发生互动。因为在现实中，师生交往、生生交往时常是无意发生的，它与真正意义上的互动相去甚远。

综上所述，互动教学是师生通过对课堂各个要素的调控，在相互认识、理解的基础上，相互作用、共同影响与共同提高的教学形式。这种教学形式含有如下成分。

1. 认知成分

认知成分涉及个人对整个关系状态的基本了解，包含师生之间的全部认识过程。因为在教学中，互动活动中的双方彼此都在进行感知、理解和判断，并产生和形成相应的概念。在师生之间的相互交往中，几乎每一个教师都对学生有一定的认识和评价，教师的头脑中不仅有一个具体的学生形象，也有学生群体的概括性形象。同理，几乎每个学生的头脑中也都有自己对教师的认识和评价，不仅有对特定教师的认识和评价，也有对教师形象的概括性认识和评价。在交往过程中，学生总是以理想中的教师形象去衡量和评价现实中的教师，由评价的结果决定其对教师的认知态度。

2. 情感成分

情感成分是教学过程中人际交往的重要组成部分，它是与教师的交往需要相联系的一种内心体验，主要指交往双方相互间在情感上的倾向，以及对交往现状的满意程度，表现为师生之间是相互依恋还是相互疏远，并以情感上的心理共鸣为相互选择的标准。就师生间的人际交往而言，教师和学生彼此间情感体验的强度、性质和方向，决定着师生关系状态的和谐与否。

3. 行为成分

行为成分是指具体的人际交往行为，直接反映和具体体现人际交往活动中的价值取向和情感倾向。它以人与人之间是否相互交往，以及行为方式是否协调一致作为相互选择的标准。从师生关系来看，教师在教学过程中总是以自己的知识、智慧、人格作为手段去影响学生，并将自己对学生的认知与情感转化为具体的教学行为去促进学生的发展。学生也总是以自己具体的学习行为表现出对教师的教诲的理解和接受，如听课、提问和作业等。

（二）互动教学的特征

总结以上对互动教学的分析，我们可以概括出如下互动教学的特征。

1. 教学过程中的相互平等

物体是相互作用着的，并且正是这种相互作用构成了运动。人与人之间的互动也存在"相互作用"，即"人们的相互作用"或"个人的相互作用"。在教学活动过程中，互动包括人与人之间发生的一切相互作用关系。我们通常使用的一系列表达教学中人与人之间关系的概念，诸如交谈、交流、交际、交换、竞争、冲突、对立等，仅仅反映了教学交往中的某些方面或某种形式。但是，作为互动教学，其基本的承载是交往，即教学过程中的互动以交往作为载体，互动离开了交往，是根本不可能形成与发生的。而互动正是主体之间关系的表现，即互动教学总会体现出人与人之间的关系，相互影响、相互合作、相互冲突、相互矛盾都是教学中人与人相互作用关系的不同表现形式。

同时，在互动教学中，教师与学生之间是一种"我"与"你"的平等关系。这是互动教学区别于"占有"式教学的显著特征。"占有"式教学是主体"我"把"我"之外的一切都作为占有的对象，结成的是"我与他"式的关系。这种理念表现在教学中，教师将学生的一切作为自己的"占有"对象，试图将知识强制灌输给学生，学生则被看作容器，主要的任务就是接受。互动教学则强调主体间的精神沟通，教师和学生不是把对方看作可"占有"、改变的对象，师生之间是一种平等的参与—合作式关系，二者通过合作达成一种默契。因此，互动过程是一种共享。师生共享精神、知识、智慧、意义，在共享中相互促进发展，保持共识，容忍差异。因此，互动教学是一种"共同主体"式教学，它以消除自我中心意识，生成交互主体性为特征。

2. 教学过程中的互为主客体关系

主体与客体的关系是实践和认识中的基本矛盾关系。主客体关系包含相互对立、相互依存和相互转化等多重关系。一般来说，在人与物质客体发生相互作用的过程中，始终是作为主体的人作用于物质客体，人始终作为主体存在。当人作为主体与作为客体的他人发生交往时，则表现出他的特殊性。人是能思维、有意识、有目的的社会存在物，双方可能都想在人与人的交往活动中以他人为客体展现自己的主体力量。因此，在人与人的交往中，人不只是主体，也会是客体或既是主体又是客体，人自身具有主体、客体的两重属性。教学过程中，教育者和受教育者都是有意识、有目的、有主观能动性的人，这使得教学过程更加复杂。由于教育者、受教育者自身本质力量的差异性以及他们的目的需要等不同，因此教学交往中的主体或客体地位以及构成的主客体关系，具有以下几种不同的表现形态。

一是共时性的互为主客体关系。这是指甲与乙在交往中同时都既为主体，又是客体。在同一个交往的动态过程中，他们同时进行活动并同时在对方身上实现自己的本质力量。在自由、平等、民主的教学交往中，无论是教师还是学生，他们都既是主体又是客体。通过交往活动，他们都以对方为媒介达到自己的目的。

二是历时性的互为主客体关系。在教学交往中，随着时间的推移，交往的主客性会发生转化。例如，在交往中，甲处在主体地位作用并支配着乙；乙尚没有交往的自觉的主体意识，只是在盲目的状态下，处于被动的被支配的客体地位。随着交往关系的不断发展，随着乙的主体意识的不断增强，乙在交往中由自发走向自觉，有了自觉作用于甲的意识，这时乙就不仅是甲的客体了，也成为自觉作用于甲的主体，而甲也就自然地具有了主体和客体的双重身份，从而使交往双方的关系成为互为主客体的关系。随着交往的进一步发展，这种主客体关系还会发生变化。因此，可以说历时性互为主客体是一个过程。

三是单向的主客体关系。在某种特定条件下的教学交往中，教师是教育和培养学生的主体，而学生则是受教育、被培养的客体对象。他们的交往表现为单向的主体与客体的关系。这种单向的主客体关系主要是从教师教的角度看，教师是教育的主体，学生是接受教育的客体。

四是双重性的互为主客体关系。在教学交往中，甲是主体，同时既以自身为客体，又以乙为客体；而乙是主体，也以自身为客体，同时，又以甲为客体。这时，他们同时都是主体，又都是客体。因此，他们之间的关系是双重性的互为主客体关系。

在互动教学中，我们所看到或设计的理想化的主客体关系，更多地表现为双重性的互为主客体关系，这也正是互动理论的精要。所以，在分析互动教学的主客体关系时，应当从主体所具有的能动性和创造性出发，不仅看到师生相互发生作用和共同提高的意义，同时也应注意他们对自己的作用。

3. 互动教学中教师控制的自觉性

教学活动中，教师的作用是不容忽视的，任何贬低教师作用而极端提升学生地位的思想与做法都是不合时宜的，也与当代教学理论相悖。在教学中，人与人之间的互动或交往活动也像人与自然之间的物质作用一样，必然是有意识、有目的地进行的，即在某种程度上是自觉地进行的。这一规定把人作为主体的交往关系与生物的本能的自然关系区别开来。教学活动是在教师的控制下为实现教学目标、完成教学任务而有意识地、自觉地进行的活动。所谓"社会的人"即参与到一定的社会生活实践中并接受历史的和现实的他人实践成果，掌握一定社会行为规范，具有一定认识世界、改造世界的能力和自我意识的人。

在互动教学中教师需要对教学各要素进行控制，但这种控制已经不再是自发的控制，而是教师的自觉控制。自觉控制是指主体在认识、改造客观环境的过程中，能根据客观事物的性质、特征，创造性地使用各种手段，达到自己的目的。这里的"自觉"是与"自发"相对的一个概念，一般自发控制带有强烈的随意性，它可能能够依据事物的规律和属性达到目的，也可能与之相反。互动教学要求教师不是刻意地使用某种手段以达到目的，因为实际的教学情境千变万化，教师的教学设计只是自己在教学前的自我设想，当教师所面临的实际教学与自己设计的教学不一样时，就需要教师使用自身经验去解决问题。

4. 互动教学中学生活动的主动性

建构主义教育理论认为，人的精神世界的建构在人的发展中具有重要的意义，精神世界是作为主体的人在与外部环境和外部影响相互作用的过程中生成与建构的。因此，学生精神世界的建构成为学生发展的重要标志。从教学来看，这种建构需要学生充分发挥自己的主观能动性。虽然互动教学要求教师对所有教学要素的控制应当是自觉的，但教师的控制离开学生的自主，也会导致教学无法达到预期的目的。

互动学习强调学生之间的互动与合作，互动与合作意味着学生之间也需要形成学习共同体。这种学习共同体倡导一种合作的文化和环境，倡导每一个成员之间应有更多的关怀、互助与磋商，通过人人参与、平等对话、真诚沟通、彼此信赖来发展人的合作精神、交往能力，激发学生的交往勇气，使其能共享知识和经验，实现自我超越。显然，互动教学如果离开学生的主动参与，不仅无法达到其基本的目的，而且也会使教学本身流于形式。

互动教学倡导活动形式的多样化，一方面，这依赖于教师的教学设计，即教师在教学之前应关注学生在教学过程中需要从事什么样的活动；另一方面，教师设计的活动也要为学生提供选择的机会。学生的选择包括两类，一类是活动形式的选择。在传统教学中，教学活动的形式基本上是由教师决定的，如讨论、讲授、游戏等，学生无权决定，并且只能按照教师的设计参与其中。互动教学则关注教师怎样将这一权力部分下放给学生，让学生也能有机会决定活动的形式。这样做不仅有利于学生的参与意识的提升，同时也有利于调动学生的积极性。另一类是教师在教学中为学生提供选择的机会。传统教学常常是教师将自己的知识、观点、思想强加给学生，学生则无条件地接受，其主要的目的是学生能通过考试，取得好的成绩，但是，互动教学强调学生自主选择的重要性。

5. 互动教学结果具有互补、互惠性

交往双方总是希望通过交往来满足自己的某种需要，从而完善自己、发展自己。这种互动双方的互补、互惠性是建立在交往主体的差异性的基础上的。互动教学中交往双方都以自身的本质力量去影响和作用于对方，但在影响和作用于对方的同时，自己也必然受到影响。教师和每个学生的本质力量不同，需要不同，必然存在着交往双方的主体差异，这种差异的存在为双方的交往提供了前提，从而形成了互补性、凝聚力，这种凝聚力将成为提高互动教学有效性的巨大力量。同时，学生之间的互动同样具有互惠性，这种互惠和互补的差异取决于互动类型的差异。需要注意的是，互动教学结果的互补、互惠性不是以牺牲互动中任何一方的利益为代价的，而是强调双方的共同进步与提高，即通过互动，使双方在信息、利益和精神方面共同获益。

第二节 互动教学的主体：教师与学生

一、互动教学中的教师

教师作为一种职业，历来被认为是社会发展的促进者和人类心灵塑造的工程师。因此，在社会高速发展的背景下，我们需要重新审视教师的职业角色和教师应当具备的素质。随着新课程在全国范围内的推进，素质教育更是对教师提出了更高的要求。另外，从互动教学的角度看，真正意义上的教学互动需要教师重新认识与理解教学，并形成新的教学理念和相应的教学行为。

（一）传统教学中的教师

1. "独白式"教师教学

独白作为一种教学形式，在传统教学中受到重视。传统教学理论认为，教师在教学中应做到心中有学生，在教学过程中立足于教材，在吃透教材的基础上，艺术性地将教学内容传授给学生。一个优秀教师的标准就是能够借助语言，达到语言的精确、流利、标准、优美，而不管学生是否参与其中。"独白式"教学理念常常将教师比喻为演员，既然是演员，就只管自己表演，至于学生能否真正理解，就并非教师需要关注的内容了。

"独白式"教学的实质主要表现为以下几点：第一，忠诚于学科，却背弃了学生，这种独白几乎不考虑学生的兴趣、学生的现有水平，而只是忠诚于学科的逻辑，把教学看成单向的传道、授业、解惑，知识成了统治者。教师的任务似乎是把知识作为工作的主要对象，单纯地想把自己所知道的知识全部教给学生，导致知识成了教学中心，而学生处于教学的边缘。第二，进行着"表演"，却没有"观众"。在"独白式"教学中，一方面，教师更关注的是自己的表演，而不关注学生（观众）的反应；另一方面，学生很少有表演的机会，即使表演，教师也不愿当观众。第三，追求效率，却忽视了意义。追求效率是理性主义的重要特征之一，也正是对效率的追求，使得我们的物质生活越来越容易得到满足。但我们应意识到，效率本身及其所依附的经济科技模式却难以提供有关人生意义的答案。而教育中的"独白"正是在这二者之间选择了效率，而放弃了意义。我们可以这样分析教育中的"独白"：教师仅把教育理解成了工具，而没有把教育理解为生活，这在注重生活世界的本初意义的今天，显然是一个不小的错误。

互动教学则强调师生在教学过程中的交互性，这种互动是教师将学生作为教学主体的一种理念。互动教学理念强调教师要关注学生的成长，关注学生的生活世界，同时，在教学中尽量将教学的一切与学生相联系。

2. 传统的教师教学行为

教师的所有教学理念都会表现为相应的教学行为，就传统教学行为看，"霸权"行为是典型的表现。众所周知，教师一旦成为教师，就相应地拥有了一定的权力，这种权力可以说是自然赋予的，因为教师的学识、年龄等都在学生之上。因此，学生的"向师性"决定学生必然遵从教师的教导与指挥。但是，教师对学生的影响与教导，并非只依赖于自然赋予的这种权力，而更多的应当依赖权威。

在具体的教学实践中，教师可能在不经意间就运用了自己的权力，如答案的标准划一、阻止学生之间的谈话、对成绩差的学生的歧视、对成绩好的学生的宠爱等。教学理论认为，教师拥有多种权力。关于教师的权力，有人将其概括为五种形式，即吸引力（attractive power）、专家权力（expert power）、奖励权力（award power）、强制权力（coercive power）和法定权力（legitimate power）。这五种权力的应用可以是单一的，也可以是综合的。

第一，吸引力。吸引力体现为教师与学生之间的关系，它是一种重要的关系权力。这种权力的获得，依赖于教师通过自己的人格魅力和和善的态度，使学生感到教师的可亲近，或依赖于教师通过积极的态度，改善与学生之间的关系。师生关系的改善，是教育学研究中的一个重要内容。一般来说，教师要获得这样的权力，应当将重点放在怎样使学生产生自信上，而不是一味地去满足学生的愿望。在互动教学中，教师都会对学生提出自己的期望，学生也愿意按照教师的要求去做。这是因为，学生（特别是年龄小的学生）对教师总会有一种单纯的感情。此外，学生的快乐很大一部分是来自教师的，而学生一旦违背了教师的愿望，不按教师的要求行为，就会使他与教师的关系受阻，并可能招致教师的惩罚。因此，课堂上教师的吸引力的获得，有其重要的基础。

吸引力是教师所拥有的与师生关系紧密联系的一种权力，它要求教师在互动教学中通过师生关系的改善，进而使学生产生对教师的信赖，以保证课堂教学的正常进行。

第二，专家权力。在教学中，有的教师既缺乏处理人际关系的技能，又不愿意使用吸引力来影响学生的行为，这些教师就喜欢用专家权力来影响学生。这种权力要求教师在某一或某几个领域拥有丰富的知识，通过发挥影响力和号召力，使学生服从他。这样的教师很重视学科方面的修养，并以向学生传播知识为快乐。他们倾向于将教学看作传递信息，将教师视为文化思想与理想的主要传播者。

第三，奖励权力。这种权力并非来源于与师生之间的良好的关系，也不是来源于学生对学科本身的意义的认识，它是教师对以上两种权力的具体运用。奖励作为一种积极的反馈和强化，是对学生努力的价值或努力的结果的一种证实或确证。奖励所表明的是教师对于学生行为的一种期望，它有助于学生形成正确的行为习惯，并使学生形成在课堂上积极行为的倾向。奖励作为对学生行为的正反馈，主要强调学生行为的过程和结果与课堂行为规范的一致性，是教师对学生行为的积极评价。

师生关系的形成，依赖于教师对学生的正确评价，同样，学生对学科的兴趣也依赖于教师的奖励或欣赏。奖励不一定得到社会的承认，但在奖励学生的过程中所采用的方法应当是与社会的价值观相一致的，否则，就会受到来自社会方面的压力。因此，奖励的选择和在不同的学生身上的使用或分配，是互动教学中教师应当主要解决的问题。

第四，强制权力。当教师将奖励作为影响学生行为的一种有效的方式时，应当清晰地认识到其反面，即惩罚对学生行为的意义。强制权力是指学生在没有完成教师规定的学习任务或没有按教师的要求行为时，教师所具有的惩罚的权力。由于教师并不希望学生在学校生活中总是不愉快，但教师又不得不要求学生按照规范去生活，所以惩罚就常常被用作最后的强制学生的手段。实际上，大多数教师在教学过程中对过于依赖惩罚持怀疑态度，其原因是教师并不希望因为学生的厌倦而影响师生之间的合作。他们也意识到，惩罚这一策略可能会带来学生对教师的反感。因此，惩罚作为教师权力的使用的手段，可能会带来师生之间的冲突并影响到师生之间的关系。

第五，法定权力。法定权力是指教师让学生顺从其制定的学术和行为的标准。它来源于学生的信念，即教师有权为学生制定行为标准。与权威一样，法定权力允许教师做出决策，因为这是教师这个角色的能力的体现。但不同的是，这一权力依赖学生的认可程度，而权威则是学生对教师的选择的结果。从这一意义来说，学生将教师视为导师，并非出于他们的自愿或者是他们个人选择的结果。因此，教师并没有控制或强制学生的权力。

但是，在现实生活中，家长常常将约束儿童的权力交给教师，社会同样赋予了教师这样的权力。因而，教师实际上就获得了法定的、社会认可的权力。教师作为社会要求的代表和课堂的领袖，必须建立行为规范，时时监督学生的行为。当学生按照教师的要求行为时，教师就是成功的。当教师的要求变成学生的行为习惯的时候，教师又会提出更高的要求。

综上所述，教师所拥有的权力较多，但现实中的教师常常会过度使用单一权力。互动教学则关注教师综合、正确地使用权力。

3. 传统教学中教师的教学指导思想

教学总有一定的目标，为了有效实现目标，就应当充分利用课堂教学的时间，不能浪费一秒钟，这是传统教师所持有的基本观念。于是，我们看到，课堂中教师关注教学的节奏，不断实现由一个话题向另一个话题的转化，一旦有某位学生违反课堂秩序而影响教学节奏时，教师就将对其进行严厉的处罚。

课堂教学是预设与生成的有机结合。"预设"是指任何教学都需要教师进行教学设计，因为教学是一种有目的的活动，教师需要在课前对教学的方方面面进行设计。"生成"是指教学过程并不全都按照教师的预设发展，因为教学过程并非单向、封闭、静态的知识传递过程，而是在开放和动态的对话、交流与互动中延伸，这意味着教学过程具有许多的不确定性。所以，我们经常见到课堂中教师为了保证教学秩序，就不顾学生的感受，一味地赶进度，或学生早已理解、掌握，但教师还在反反复复、不厌其烦地讲授。我们也可以看到，当某一学生因为某事兴高采烈而大呼大叫时，常常被教师以违反纪律为理由严厉批评。同时，为了能实现预设目标，教师会制定一系列严密的纪律，如举手发言、坐姿端正等。这种做法的背后，实际上隐藏着教师对教学秩序的过分追求。

4. 传统教学中教师对教材的使用

传统教学理论认为，教学就是在教师的引导下，以学生掌握教材为中介，促进学生发展的过程。在这一理念的指导下，教师的教学就应当始终围绕教材，不能超越教材一步。教师对教材的理解，历来以熟、精、化、透来要求，其结果是教师只是依赖于教材，缺乏对教学资源的开发与有效利用的意识。既然如此，教学过程就是讲教材，就是把教材内容传递给学生，学生的任务就是掌握教材，并在考试时呈现出来。

根据当代教学理论，对于教材不外乎有三种不同的认识：教教材，即教师指导学生掌握教材；利用教材，即教师把教材作为课程资源之一；不用教材教，即教师对教材进行开发与创造。教师对待教材态度的最高境界就是能够开发与创造教材，但对于多数教师而言，应该做到的是将教材作为众多课程资源中的一种。

（二）互动教学中的教师

教师角色的转变，是新课程所倡导的一个重要理念。教师要在具体的教学实践中实施互动教学，就需要在各个方面做好准备。

在互动教学中，教师是主体的一部分，需要在各个方面提高素质，这是教学的前提，也是互动教学的基础。教师素质的提升具体表现在以下几个方面。

1. 观念更新——互动教学的前提条件

多数教师认为，教师的首要任务就是教好书，就是作为传递知识的工具。于是，教师的专业发展成为众多教师趋之若鹜的目标。但是，教师要实践互动教学需要的远不止这些，观念的更新是首要的。教师需要从以下几个方面更新观念：

第一，教师要认识到教学具有创造性。教学的创造性要求教师在教学过程中不断地按照教学规律，结合自己的个性特长创造性地进行教学。这种创造素质的养成，既依赖于教师的体悟和教学实践的反思，又依赖于教师养成学习和思考的习惯，提高自身对时代特征、学生变化以及教育变革的敏感等。互动教学的创造性就是教师要不断预设教学情境，在实践中生成自己的教学风格。教师的创造性既能帮助他达到有效教学的目的，又能帮助他灵活处理教学活动中可能出现的问题。

第二，教师要认识到教学对于学生体悟生命意义的重要性。以往的教学论对学生的研究一般局限于以一定的结构和指标为框架，分析学生不同方面的发展水平及其发生机制，但忽略了教学对于学生体悟生命意义的重要性。换言之，我们的教学更加关注的是学生能否把握与自己的生活世界和生命世界毫无关联的成人世界的知识。教师要认识到教学对学生生命的重要性，需要从学生的日常行为和言谈中发现学生成长的需要，强化自己对学生自身发展的关注度。

第三，认识到教学绝对不是独白或表演，而是为互动、交流提供背景与平台。教学能够做什么？这是人们始终在探究的一个话题。传统教学理论常常将其界定为对学生发展的促进，其基本出发点就是成人能够而且必须对学生的发展负责，并将成人认为有用的知识灌输给学生。殊不知，学生进入学校，不仅要学习知识，更重要的是要学会如何与人相处，如何获得更多的喜悦，如何收获更多的成功。因此，从这个意义上说，教学就是为学生提供能够与人相处的平台。教师所提供的知识、设计的活动，也有这样的作用。

第四，认识到教学是学生主动建构知识的过程。建构主义者主张，世界是客观存在的，但是对于世界的理解和意义赋予却是由每个人自己决定的。人类以自己的经验为基础建构现实，或者说解释现实，我们个人的经验世界是用我们自己的头脑创建的，由于我们的经验以及对经验的信念不同，因此我们对外部世界的理解便也迥异。因此，在教学中，教师应将学习视为学习者主动地建构内部心理表征的过程，这就需要为学生提供各种结构性的知识和非结构性的经验背景。

2. 民主互动——互动教学的本质特征

民主互动的教学主要体现在教学活动中的师生关系上。民主的师生关系是指教师和学生在人格上平等，在教学活动中地位平等。这一般包括"知"和"情"两个方面：从"知"的角度说，教师与学生只是先知和后知的关系；从"情"的角度讲，学生与教师一样，拥有独立的人格和自由意志，拥有丰富的内心世界，拥有表达自己的权利。这种关系在课堂教学中体现为师生都可以自由地发表自己的见解，可以和对方展开探讨甚至争论。

互动是指在教学过程中，通过教师的设计，促进学生参与到教学过程之中，强调师生之间相互交流、相互沟通、相互启发、相互补充，在这个过程中彼此分享思考、经验、知识。互动并非形式上的互动，并非简单的问与答，而是一种实质上的互动，即双方在尊重对方的见解的基础上的相互启发与通力合作。

3. 对话——互动教学的实现途径

对话作为一种原则，往往与民主、平等、包容、理解联系在一起。对话作为一种策略，则常常与共同在场、主动介入、积极参与联系在一起，即通过敞开、接纳、回应、碰撞、沟通、合作、交流、互动等达成视界融合以及共生共荣的理想。对话作为关系思维的表征，既可以发生在人与人之间，也可以发生在人与人的精神产品，或者说人与各种文本之间。这种对话并不以口头语言的交会为特征，而是通过人对文本的理解和批判展开。对话依赖于教师的亲和力和感召力，需要教师理解、尊重和宽容学生。

二、互动教学中的学生

学生历来是教育的第一对象，教育的一个核心命题就是促进学生的发展。值得思考的问题是教育要发展学生的哪些方面，又将在何种程度上促进学生的发展以及怎样促进学生的发展。这些问题的探讨要基于对学生发展的基本认识。保罗·朗格朗认为，"教育的真正对象是全面的人，是处在各种环境中的人，是担负着各种社会责任的人，简言之，是具体的人""教育的目标就是要适应个人作为一种物质的、理智的、有感情的、有性别的、社会的、精神的存在的各个方面和各种范围。这些成分都不能也不应当被孤立起来，它们之间是相互依靠的"。这就需要我们认识到，人的生命是在具体个人中存活、生长、发展的，每一个具体的人都是不可分割的整体，个人的生命价值只有在各种生命经历中，通过自己的主观努力、奋斗、反思、学习和不断的自我超越，才能得到创建。通过这些认识，教师在具体的互动教学中应树立如下理念。

（一）学生的生存方式：由被动走向主动

学生作为个体的人，生活在宏观的社会背景之中，生活在复杂的学校氛围之中，生活在具体的、日常性的班级之中。在教学活动中，不应该什么都由教师决定，什么都由教师安排，学生只能被动地按照教师、家长的要求去做。被动意味着一个人的生存状态被剥夺，意味着人缺乏了自我更新的意识与能力，更主要的是意味着人的主体性的丧失。学生进入学校生活，不是只有学习这一项活动，学校是他们生活的场所，是他们张扬个性、发挥主动性的生活场景。学生有自己选择的权利，教师也应培养他们的选择意识及选择能力。

学生从被动走向主动需要教师努力研究学生的各种生存状态，从宏观的社会研究、教育研究，到微观的课堂研究，都应将学生的各种特征与生存状态联系在一起，并在教学过程中清晰地认识到学生的哪些生存状态需要引导，哪些生存状态需要保护，哪些生存状态需要矫正。这是互动教学的基石，离开对学生生存状态的研究，教师就无法使学生从被动走向主动，无法使学生在主动的学习生活中选择属于自己的方式。

（二）学生的课堂生活方式：在互动中获得多方面发展

回归生活是我国课程改革的一个中心问题，其目的是解决学生的生活世界与教育世界脱节的问题。根据相关研究得到的结论，回归生活就是教师怎样在教学中寻求与学生生活世界相关联的内容，并将这样的内容组织进课程或教学内容中，或者是让学生在生活中学习，通过解决生活中的各种问题获得相关知识与技能。但这样的认识忽略了一个基本问题，课堂是学生获得知识的最佳途径，也是学生的生活场所，只不过我们的研究常常将知识局限于书本知识，局限于教材内容，于是，学生的课堂生活变得过于单一，学生发展的不平衡和片面也就在所难免。

互动教学将课堂看作学生全面发展的场所。互动教学理论认为，学生的全面发展，需要将课堂作为一种教学资源，通过教师提供的背景材料和为学生设计的各种获得形式，使学生不仅获得知识，也在知识的获得过程中享受生活，从而获得全面发展。互动教学的基本任务是使学生努力学会不断地从不同方面丰富自己的经验世界，努力学会实现人的经验世界与社会共有的精神文化世界的沟通和富有创造性的转换，逐渐完成个人精神世界对社会共有精神财富的个性化和具有创造性的占有。这一对教学任务的界定，实际上从本体上论证了教学中学校的作用及意义，强调了学生的自我建构及对外部影响的创造性占有。从互动教学的视角看，通过教师的设计和学生的参与，可以使课堂真正成为学生生活的场所，使学生能在这种生活中获得富有个性的发展。

（三）主体生命价值的彰显：从理论走向实践

对教育的认识与对教育意义的研究，历来是教育理论探究的主要问题，而这一问题的基点，是对教育所要塑造的人的认识。从古希腊开始，教育一直是人们实现自我的一个主要途径，而且它的意义就在于发展人性。在亚里士多德看来，教育无非是实现自我，而理性则是它的最高目的。到了文艺复兴时期，夸美纽斯主张"把一切知识教给一切人类"，这一方面使古希腊的重视人的传统得到了弘扬；另一方面，此时的理性主义教育开始摒弃古老的教育对净化心灵的意义，注重对与自然有关的知识的教育，这意味着古代教育向现代教育的过渡。这种过渡是漫长的，因为古典教育的影响可以说是根深蒂固的，所以，斯宾塞提出了"什么知识最有价值"的问题，他的思想源于对当时社会的分析，而不是形而上学的演绎。因此，有人说他是现代教育的预言人，因为他的教育思想为科技的、知识的社会奠定了基础，为现代科学知识的教育奠定了基础。斯宾塞认为，不论是个人还是社会，人类生存和发展的一切活动都必须依靠科学知识,科学知识能够解决人类的一切问题。斯宾塞对于什么知识最有价值这个问题,给出了明确的回答——科学。于是,科学和技术开始走进教育,并成为20世纪教育的重要内容。

20世纪是人类科学、技术、知识迅猛发展的世纪,科学技术的广泛运用和不断革新引发了一场深刻的教育革命。在学校中被奉为经典的古典学科受到批判,新的学习内容和学科被引进,数、理、化等被认为是学校学科之冠,教育开始追求技术的、经济的教学目标。教育的这一转向的直接后果是对人的心灵陶冶和人格培养的忽略。

许多人都对这样的现象进行了强烈的抨击。他们认为,为了有效培养工业社会所需要的标准化的知识人才,教育把受教育者纳入学校教育的生产过程,用统一的教育技术、统一的课程和统一的教育工艺流程,把人制造成标准化的教育产品,并且输送给大工业和经济运行模式。一切都按事先计划好的统一程序、目标和过程控制,这就是"工业教育"的典型特征。教育推行的课程、教材、学校、培养目标的标准化和统一化,虽然迎合了大工业的高效率,但却把受教育者放入了教育生产的流水线而对其进行加工制作,把受教育者整体的生长仅仅变成行为功能的增加,从而抑制了受教育者的全面发展,剥夺了受教育者的自主精神和创造性。受教育者沦为学校的附属品,教师成为受教育者的监护人,他们将受教育者严密地包裹起来,与日常生活隔绝。

不可否认,现代化在教育事业的发展中起到不可低估的作用,为社会的经济发展做出了极大的贡献,但却导致了教育与精神建构的分裂、自然科学与人文科学的对立、全面发展与专业训练的冲突,使现代人在狭隘的工作领域中专业化和特定化。然而,教育所归属的世界却应当是生活世界,这种世界是人的世界,是人实实在在地存在着、体验着的世界。在这个世界中,最为基本的是人的生活、精神、价值和交往关系。因此,教育所理解的人就应当是在这个世界中的感性的人,是历史的、变化的、现实的、具体的人。

从教育理论的发展看,对人的重视特别是对人的主体性的倡导,已经成为教育的一个焦点,也是教育理论研究的出路,在当代,教育对于人的研究的主要趋向是对主体性教育的认识与实践。

人的主体性是指人作为活动主体的自主性，主体的能动性主要是指人作为主体的能力，而人的自主性则主要是指主体的权利。这种自主性主要是指人有能力和权利支配一切自然力的活动，它并非强制性的，是人在生产的过程中对生产资料、生产过程及其产品的支配和控制，其目的是"为我"，一切主客体关系本身都具有对于主体来说是"为我"的性质。"为我"实际上带有以主体的存在和活动为起点，以主体自身的发展为归属的意义。

将主体性引入教育教学研究是具有积极的意义的。在教育目的上，它突破了以社会性抹杀个性的局限，实现了学生发展的社会化和个性化的统一；在教学目标上，它突破了唯理性教学的局限，实现了对学生完美人格的培养；在教学过程上，它突破了将教学过程视为知识和技能由"授予"到"接受"的过程局限，把教学过程看作是学生在教师的指导下有目的地获取认识客观世界的知识，进而发展社会适应性的能动反应的过程，是教师和学生双方的主体性不断地、科学地、合理地发挥与建构的过程；在教学方法上，它突破了以教代学或以学代教的片面性，着眼于教，落脚于学，实行充分发挥师生双方主体性的教学策略；在教学内容上，它突破了划一的课程标准、单一的课程结构，实现了课程的统一性、多样化、个别化、综合化的有机结合；在教学理念上，它突破了理性和非理性、科学主义和人文主义各执一端的局限，实现了二者水乳交融的结合；在师生关系上，它突破了"教为主导，学为主体"的单一业务关系，实现了师生之间业务关系、伦理关系、情感关系的统一。

第三节　互动教学策略

一、创设生活情境，使师生互动充满活力

数学互动教学需要创设与生活环境、知识背景密切相关的，同时又是学生感兴趣的学习情境。学生只有将数学与生活联系起来，才能够切实体会到数学的价值，如此获得的数学知识、数学思想和方法，才有可能真正被用于解决现实中的问题。

例如，在"加减法混合计算"教学中，为了让学生亲身体验乘车的乐趣，理解加减法混合式的算理，教师可以在教学中创设如下生活情境：

把课室当作公共汽车，教师当司机兼解说员，指定45名学生当乘客。教师引导学生："乘客们请注意，儿童公园站到了，有下车的乘客请准备下车。"这时从教室后门出去了15名学生，同时从教室前门进来了12名学生。教师接着说："同学们注意了，原来车上有45名乘客，到站后，车上的乘客发生了什么变化？"这时，有学生大声说了起来，"老师，我知道了，从后门下车15名，从前门上车12名，我知道车上有多少人啦！"这时，班上没有坐过公共汽车的学生也豁然开朗，学生情绪激昂，师生互动充满活力，课堂气氛活跃。

通过这一生活情境的创设，学生不仅轻松地知道了算理，还理解了一些交通常识，同时对数学产生了浓浓的亲切感，从而激发了学习数学的兴趣，也明白了数学与生活的密切联系。教师要想在课堂中真正实现师生互动，就要放下居高临下的架子，真正与学生平等对话，自己仅作为活动的组织者，让学生成为活动的主人。

二、精心设计问题，使课堂互动效果增强

俗话说："良好的开端是成功的一半。"在课堂教学中，教师要实现真正的课堂互动，就必须精心设计问题。例如，把问题改编成主动形象、富有情趣的童话故事，这样就能有效调动学生的积极性，使学生乐于参与到学习新知识的过程中来。另外，要实现课堂有效互动，教师不仅要精心设计问题，还要注意引导学生探究解答问题的方法。对于疑难问题，尽量不要直接将思维过程展现给学生，而是要制造悬念，让学生从问题出发，从而找到解决问题的方法。

例如，教学"圆的面积"后，学生需要计算在周长相等的情况下，长方形、正方形、圆形哪个的面积最大。此时，教师可以不急于出题，而是从这样的故事入手："从前，有一个小男孩，家里很穷，父母就把他送到地主家放羊。羊越来越多，羊圈装不下了，他向地主建议扩大羊圈，可小气的地主不愿意花钱买栅栏，他让小男孩自己想办法。聪明的小男孩想出了一个好办法，他首先把羊圈由长方形改成正方形，这样就把羊装下了。过了几个月，羊又长大了，又装不下了，他又将正方形的羊圈改成了圆形，这样在不增加栅栏的情况下，就能把羊装下了，人们都夸他聪明。为什么同样长的栅栏，圆形装下的羊更多呢？你们想知道为什么吗？下面我们就来探究、验证这个问题。"这个问题激发了学生的好奇心，话刚说完，学生就积极地投入到知识的探究中。如果一上课就把问题抛出，学生会觉得很枯燥，也提不起兴趣，而以故事的引入吸引学生通过故事去研究其中的问题，一石激起千层浪，能够使学生在不知不觉中进入新知识的探究过程。

三、留给学生充足的时间，使生生互动焕发光彩

在课堂上，教师还必须尊重每个学生独特的个性并使之发展，重视培养学生的责任意识和自主精神，为学生提供充分的从事数学活动和交流的机会，促使他们在自主探索的过程中真正理解和掌握基本的数学知识和技能、数学思想和方法，同时获得广泛的数学活动经验。

教师在执教"观察物体"这一课时，为了让学生很好地掌握知识，提高学

生的观察能力，就需要在教学中特别重视生生互动。例如，课前交代学生带好玩具，上课时以4个学生为一小组，把玩具放在课桌上，要求4个学生站在4个不同的位置观察同一个物体，并且把自己看到结果说给同组的同学听。生1："我看到的是小恐龙的尾巴。"生2："我看的是小恐龙的头。"……以此使学生明白，从不同的位置观察同一个物体，看到的形状是不一样的。这时，教师可以不急于让学生交流所看到的结果，而是留给学生充足的时间，鼓励学生离开自己的位置自由观察恐龙，让小组中的每个学生交换位置后再仔细观察物体。这样充分体现了生生之间的民主平等，使学生更清楚自己对空间的看法，并有机会分享各自的想法，为学生提供更大的探索空间。

假如没有给学生互动的平台，学生的思维就停止在物体的表象，他们很难理解从不同的角度观察同一个物体会存在"盲人摸象"的局限性。只有给学生足够的时间和空间，让学生主动探索、亲身体验解决数学问题的活动，学生才可以真正成为数学学习的主人。这也较好地体现了新课标的理念———一切的教学活动都是为了让学生更好地学。

总之，课堂教学是一个师生互动的过程，师生双方应积极地协调配合，这是教学成功的重要前提。教师要创造性地使用教材，想方设法地引导全员参与，让学生切实成为课堂的主人。只有变教师的"独角戏"为师生的"交响乐"，并让互动成为其中的主旋律，师生才能在和谐配合的过程中，更好地教和更好地学，最终达到师生共赢的效果。

第二章

小学数学课堂有效互动

第一节　课堂有效互动的起源

一、课堂有效互动的核心概念

课堂有效互动包含了三个层次的概念：第一个层次是"互动"；第二个层次是"课堂互动"；第三个层次则是"课堂有效互动"。这三个层次是递进的关系。

（一）互动

"互"是交替、相互，"动"是起作用或变化。互动就是两个以上的人物或事物，通过物质的或信息的交流，彼此之间产生相互影响作用，引起事物的时空位移或人的意识的变化。

（二）课堂互动

课堂互动是指在课堂教学过程中，通过教学活动，使教学者和学习者相互产生影响作用力，在相互作用的过程中相互促进，共同实现教学目标的课堂学习形式。课堂互动按其参与对象进行划分，可分为师生互动、生生互动、生本互动等几种形式；按参与的效果来划分，可分为有效互动、无效互动以及负效互动。

（三）课堂有效互动

有效的课堂教学是广大教师一直的追求，也是课堂有效互动的最核心内容。"有效"就是有成效，有效果，能实现预期的目标。课堂互动既然关系到教师与学生、环境与任务等多方面因素的相互作用，就存在着积极的过程和消极的过程，过程的结果有积极的，也有消极的，显然消极的过程以及消极的结果都不是我们的追求。因此，我们对课堂有效互动的概念进行如下定义：课堂有效互动是指在课堂教学中，通过教师创设适合的教学环境与问题环境，发动并组织学生积极参与，双方共同努力，使课堂上教与学的过程能形成良好的师生、生生、生本、生机之间的相互作用，使彼此发生积极的改变，让教学者与学习者在此过程中人人都愿意参与、互相启发、互相促进、共同学习，在知识与能力、过程与方法和情感态度与价值观等方面都得到锻炼与发展，最终达到有效教学的目的。

二、研究理论及国内研究现状分析

（一）研究理论

关于课堂互动理论，我们从哲学、社会学、心理学等方面都可以找到它的支撑点。

1. 哲学方面

（1）卡尔·亚斯贝斯的生存交往论。

卡尔·亚斯贝斯认为："生存的交往"一方面是一种非客观化的交往，它是自我与自我之间在外部关系中所实现的精神交流，它使得人与人之间在深刻的友爱中达成内在的统一和结合；另一方面，这种交往不是以取消个人为前提的，相反只有当每个人都作为自由自觉的自我，作为具有无可替换的人的尊严的个人参与它才能形成这种交往。

（2）哈贝马斯的交往行为理论。

哈贝马斯认为：人的社会实践行为其中一种称为"交往性行为"，主要是一种人与人之间相互理解、协调与合作的"道德—实践行为"，是社会实践活动的主体际向度。

（3）马克思关于实践具有交往性的理论。

马克思认为：社会是人们交互作用的产物，人是社会关系的总和，人不仅是一个自然的人，更是一个社会的人，人的社会属性的本质是交往。

2. 社会学方面

库尔特·勒温的群体动力学认为：在群体中，只要有别人在场，一个人的思想行为就同他单独一个人时有所不同，会受到其他人的影响。

3. 心理学方面

（1）建构主义学习论。

建构主义学习论认为，学习者以原有的经验、心理结构和信念为基础来建构知识，强调学习的主观性、社会性和情景性。个体在进行学习的时候，头脑中并不是空的，而是由于先前的生活经验在头脑中保存着自己特有的认知图式，在学习过程中，通过与外界环境的相互作用，建构新的认知图式，这种新的认知图式是创造性的，在性质上不是原有图示的延续。建构主义强调教学过程中的"支架式教学"，即教师引导着教学的进行，使学生掌握、建构和内化所学的知识技能，从而使他们进行更高水平的认知活动。

（2）加德纳的多元智力理论。

《智力的结构》中提出多元智力理论，认为每个人都在不同程度上拥有8种智力，其中就包含有人际—交往智力。

（二）国内研究现状

自从新课程改革以来，我国针对师生互动的研究也得到了重视，许多学者试图从教育学、社会学、教育心理学等领域对师生互动进行研究，也取得了很多成果，如侯元丽《课堂有效互动研究》就重点论述了课堂有效互动的理论基础、相关概念以及特征，并对我国课堂有效互动的现状探析以及课堂有效互动的策略等方面进行了论述。但是这些研究都是涉及理论方面的居多，而对于一线的课堂教学当中实施有效互动教学的例子与实验则较少，特别是小学数学课堂当中的有效互动操作方法的实践则更是不足。

三、课堂有效互动理论的价值

互动教学在我国自古有之，北宋胡瑗在教学中"以类群居，相与讲习"的做法就是分组学习、生生互动的有效做法。随着教育教学理论的不断进步，在国外的一些先进教学思想的影响下，我国的互动教学思想得到了更大的提高，特别是随着新课程改革的推行与深入，各种思想和做法在我国呈现百花齐放的形势。新课程理念的实施，促进了数学课堂教学改革，多次思想风暴式的改革当中的成功与失败，使我们能够沉下心来认真审视课堂教学。剥离繁华与浮躁后，我们发现：教学的成功与否，关键还是在于40分钟课堂教学的有效性，衡量课堂教学的有效性的最重要指标就是"师生的共同进步"。《义务教育数学课程标准（2011年版）》明确指出："教学活动是师生积极参与、交往互动、共同发展的过程。有效的教学活动是学生学与教师教的统一，学生是学习的主体，教师是学习的组织者、引导者与合作者。"因此，教师在课堂教学过程中，要以平等的姿态真正参与到课堂的教与学当中，与学生一起互动，共同进步。学生在互动中获得知识与技能，更在互动中不断生成智慧和人格。教师和学生都能在课堂学习的过程中得到提升。

我国基层教师的教育教学理论水平不高，对新课改的思想和理念的理解往往比较粗浅，学校的教研活动往往不自觉地流于形式，教师都是沿用着以前的教学模式，无法创新。究其原因，固然有教师们自我提升的欲望弱等因素，但没有现实的例子可供参考，没有切合他们自身教学实际的操作模式或者规范则是最直接的原因。教师开展课堂有效互动研究，可以探寻小学数学课堂有效互动教学的可行之道，在常态的课堂教学当中实现有效互动的策略，从而提升师生的学习素质与能力，最终达到提升教育质量的目的。

有效互动也可以有效提升学生对于数学的学习兴趣。小学阶段是学生的生理与心理的成长阶段，而在小学数学课堂教学的"师—生"传授式教学下，教师的程序式教学、枯燥的讲解都是与小学生的成长需求背道而驰的，这样必然会导致学生对数学产生害怕、厌恶等不良情绪。所以，小学数学教师要通过各种有效的互动方式，充分调动学生学习的积极性，让学生在师生平等的对话、合作交流当中感受到数学的魅力，让小学数学课堂充满活力，师生与生生之间充满思想的互动与情感的交流，从而达到师生共同提高的效果。

第二节　小学数学课堂有效互动的基本特征

一、教学语言要有效

语言是表达思想的工具，也是沟通感情的桥梁。小学数学教师的教学语言是上好数学课的基本保证，教师只有通过教学语言把知识传授给学生，建立良好的师生情谊，才能使学生坚定学习的信心。教师的语言在很大程度上决定着学生学习的效果。形象的语言能将"死板"的知识变为学生易于理解的"生动"的知识；富有情感的语言，能感染学生，陶冶学生的情操；生动的语言，能吸引学生，振奋学生的精神，使教材化难为易，激发学生的学习兴趣，从而提高教学质量。

教师与学生的交流主要借助语言，因此教师的课堂语言对提高教学效率有着至关重要的作用。教师的语言应该是能够让学生接受的语言，说话应该尽量做到清晰、音量适度、具有亲和力；切忌重复、口头禅；提问不要太过笼统。否则，学生对于这样的问题就无法找准切入点。所以，优秀的教学语言应该是科学和严密的。

二、教学方式要有效

教学方式是否符合学生的实际认知基础和能力发展要求，将直接关系到课堂教学效率的高低。因此，选择适合学生实际的教学方式是至关重要的。

首先，导入是一节课的"序幕"，它将直接影响学生的求知欲望和学习兴趣，好的导入不仅能激发学生的求知欲，还可以激活学生的思维。教师在教学新课之前可以先提出一些与教学内容相关的问题，引起学生认知的冲突和矛盾来激发其好奇心，使其产生学习新知识的心理需要。

其次，教学活动中的课堂组织要使学生真正成为学习主体，积极引导学生独立思考，让学生主动参与知识形成的过程。教师要允许学生尝试、出差错，然后自行改正错误，努力营造一种民主、和谐、宽松的课堂环境。在这个环节中，教师始终不发表自己的意见，放手让学生展开讨论、尝试，让学生自己发现规律，可以说是一种创新思维的表现。这就显示了自主学习的优点，如果教师加以因势利导，则必然大大激发学生的创新思维。

因此，教师在组织课堂教学时，要随时调整学生的学习状态，引导学生集中到学习中。例如，教师可以提醒学生倾听他人回答问题，提醒学生注意写字姿势，等等。在很多课堂上，学生的讨论看似热闹，实际上没有形成有效课堂互动，导致学生有的相互推辞，有的说一些与课堂学习无关的话，结果讨论时间被白白浪费。在学生分小组讨论前，教师应引导每个小组定好组长及中心发言人，让每个学生都可以积极参与。在学生讨论时，教师一定要走下讲台，倾听学生的发言，了解学生的讨论状态。

在教学过程中，教师要为学生的知识建构提供充足的时间。学生在面对一个新问题时，必然需要一定的时间使自己的头脑完成独立思考，在有了一定的想法和努力方向之后，再尝试用一些方法对该问题展开探索。根据尝试后的结果，学生还需要准备自己在小组中需要交流的信息。对于个别层次分明、基础不一的班级，教师不可片面地为了完成教学任务而代替学生探究的过程，缩小学生探究的空间。

三、激发学生思维动机要有效

动机是人们"因需要而产生的一种心理反应"，它是人们行为活动的内动力。因此，激发学生思维的动机，是培养其思维能力的关键因素，更是课堂有效教学的有力保障。

教师怎样才能激发学生思维动机呢？这就要求教师必须在教学中充分发挥主导作用，根据学生的心理特点，有意识地挖掘教材中的知识因素，从学生自身生活需要出发，使其明确知识的价值，从而产生思维的动机。例如，在教学"按比例分配"这一内容时，教师要使学生明确学习这一知识的目的，在平均分不合理的情况下，形成按比例分配这种新的分配方法。教师在教学时可设计这样一个问题：一个车间把生产2000个零件的任务交给了王师傅和李师傅，完成任务后要把5000元的加工费分给他们。结果王师傅加工了1200个零件，李师傅加工了800个零件，把5000元的加工费平均分给他们合理吗？用问题引发学生探求合理的分配方法的思维动机，这样的教学设计既渗透了"知识来源于生活"的数学理念，又可以使学生意识到学习知识的目的是解决生活和生产中的实际问题。学生的学习动机被激发起来了，自然会全身心地投入到后面的教学活动之中。

四、作业设计要有效

教学效果应该体现学生对知识的真正理解，而不是表面上的理解。课堂上教师通过提问"你们懂了吗？"或"还有哪些同学不会？"等来判断学生是否真正理解，这是毫无意义的。学生是否形成了深层次的理解大致可以通过以下几个方面来判断：能否用自己的话去解释、表达所学的概念、方法和思路；能否基于这一知识做出推论和预测，从而解释相关的现象，解决有关的问题；能否运用这一知识解决变式训练的问题；能否综合几方面的相关知识解决比较综合的问题；能否将所学的知识迁移到实际问题中去。

这些方面，教师可以通过有效的课堂提问和多样化、多层次的练习来判断学生对知识的理解和掌握情况，如设计填空、判断、选择等题型来体现数形结合、新旧结合、综合应用等思想。

第三节　小学数学课堂有效互动存在的问题及实施策略

一、存在的问题

就当前课堂互动现状而言，各区域发展是不平衡的。有些地区并不关注课堂有效互动，更多的依然是传统的教学方法，多为教师传授、灌输，缺少师生间、生生间的有效互动。而上海、杭州等地区，进行了积极的探索，并取得了一定的成绩，大大提高了课堂互动的有效性。就整体而言，多数教师已经意识到课堂互动的重要性，并且在教学中不断增加互动的成分，不断探索，以实现有效互动。然而，由于种种原因，当前课堂互动中还存在着很多问题与不足，缺乏有效性，且主要表现在以下几个方面。

（一）互动的形式化

有些教师认为，互动教学就是教师和学生都要动起来，具体表现为形体与嘴巴都要动起来，不动就不是互动教学。在课堂中，为了互动而互动，这样的互动只是徒具形式，表面热闹，但无实质内容、无实质意义，师生间、生生间的互动流于形式，缺少思维的碰撞，缺少主动建构。这种现象在个别公开课中表现尤为明显，具体表现为各种形式化的课堂活动。

1. 课堂提问的形式化

课堂提问的形式化主要表现为教师多提问"是不是""对不对"等简单问题，使得课堂上一呼百应，齐声回答，造成教师与学生良好互动的假象。教师不断地提问，学生机械简单地回答，就必然会缺乏教师对学生的深入启发。这种问答形式给予学生的思考时间非常有限，或者根本没有给学生思考的时间。学生缺乏对教师问题的深入思考，在教学活动中仍处于被动地位，没有很好地参与其中。教师追求的也只是"提问—回答"的次数，而不关注提问的技巧和效果。学生在其中没有获得思维的发展。

2. 课堂讨论的形式化

课堂讨论的形式化有以下表现：

（1）主题形式化。

有的主题太过简单，根本无须讨论，课堂讨论只是"走过场"，导致学生讨论的是一些与教学内容无关的问题，浪费课堂时间。而有的主题比较复杂，但教师却没有给学生足够的思考的时间和空间，或主题根本脱离学生实际，难以达到效果。

（2）指导的形式化。

教师没有投入到合作学习的过程中，好像合作只是学生的事情，学生互动，教师便可以在一旁休息，缺乏真正意义上的合作指导，学生没有得到很好的合作方法，从而降低了合作的效率，影响了互动的效果。

（3）合作的形式化。

讨论只"议"不"思"、只"说"不"听"，学生大多"各自为政"，有的学生滔滔不绝，多数学生一言不发。在这样的讨论中，学生根本没有认真思考，没有思维碰撞的火花。

（4）互动的形式化。

互动的形式化是当前课堂互动中存在的重要问题。师生之间、生生之间缺乏深层次的交流与互动。不管是提问还是小组讨论，其本来的优点在于能充分发挥学生的主观能动性，激发学生的积极思考，有利于培养学生的独立思考能力、口头表达能力和创造精神，而现在却流于形式，有着很大的随意性和盲目性。教师应该认识到，提问和讨论只是一种教学手段，不是教学活动的真正目的，要避免本末倒置。

（二）互动的不平等

课堂互动中的不平等不仅体现在师生间，也体现在生生间。师生间的不平等表现为教师在互动对象的选择和学生的互动机会上存在明显的偏向性。

1. 在互动对象的选择上

一般而言，教师更多地选择学生干部或成绩好的学生进行互动，而一般学生或成绩差的学生获得的互动机会明显少于其他学生。

2. 在互动内容和时间的分配上

教师一般倾向于让那些一般学生、成绩差的学生回答一些描述性、判断性较强的简单问题，互动持续的时间相对较短；而让那些学生干部、成绩好的学生回答一些论证性较强的复杂问题，互动持续的时间较长。

3. 在互动态度和行为方式上

教师对不同学生不能做到一视同仁。对于学生干部、成绩好的学生，教师的言行往往更符合教育要求，而对其他学生则常常会出现一些非教育性的态度和行为方式。相关研究表明，在教师与学生之间的口头言语互动上，对于优等生教师往往倾向于采取民主的、肯定的、充分考虑学生个性的言语表达，对他们回答问题的质量要求较高，在言语互动过程中表现出更大的耐性，同时也更能接受他们个性的自我表露；而对那些成绩差和人际地位低的学生，教师则倾向于实行专制的、否定的、控制的言语表达，在言语互动过程中较少给他们独立思考和充分表达的机会，提问的质量要求较低，同时也很少允许他们个性的自我表露。

生生间的互动不平等主要表现为在生生互动的过程中，有的学生言语表达能力强，掌握互动的主动权，发言踊跃；而有的学生则很少有机会表现自己。

由上可见，在我国当前的课堂教学中，教师与不同学生之间、学生与学生之间的互动状态是不同的。一部分学生处于互动的边缘，成为课堂互动的"局外人"，导致课堂互动只是面向部分人的互动。

（三）互动的单一性

1. 教师的问题垄断

教师是互动的发起者，也是互动的垄断者。学生话语权被剥夺，师生互动大多表现为教师对学生的"控制—服从"影响。教师常常作为课堂互动唯一的信息源，在互动过程中占据强势地位。而师生平等参与、和谐对话，教师作为普通一员参与互动，与学生共同分享、共同发展的互动形式则很少。如果学生不能自由提问，只是回答教师设计好的问题，那么教师就无法调动学生的积极性，且学生回答问题也只能按照教师的教学设计方向进行，不能自由表达意见。学生只是在教师需要的时候才有机会说，且可能被随时打断。这种问题互动方式，表面看来是教师在让学生说，实际上是学生在教师的控制下回答问题，缺乏对问题的深入探究。相关研究表明，"教师提问、学生被动回答"是课堂言语互动行为的主要类型，而学生主动向教师提问、提出异议以及其他类型的互动则少之又少。

2. 生生互动的缺失

生生互动的缺失具体表现为课堂互动以师生之间的互动为主，而生生互动很少。而且在师生互动中，教师与全体学生一起的互动占绝大部分，而教师与个别学生之间、与小组之间的互动很少。也就是说，目前课堂教学中的互动主要发生在师生之间，而学生与学生之间的互动很少。

3. 互动内容的单一化

互动内容的单一化是指课堂互动多为认知互动，缺少情感互动。当前课堂互动中，多以知识传授为目标的认知互动，而缺乏与学生真挚的情感交流。教师忽视了对学生品德、意志的养成，忽视了学生在教学活动中的情绪生活和情感体验。

二、影响因素分析

教学场理论认为：在教学中各种信息相互作用，形成一定的张力，构成了一种空间、一种物质运动的特殊形态，犹如电场、磁场等外界能量场效应。教育按存在形式可以划分为"生命态""实物态""虚物态"三种。"生命态"教学存在于各种人的集合体中，如教师和学生；"实物态"教学存在于作为教学内容的教材以及教学的自然环境（如地理资源）和人工环境（如教室）中；"虚物态"教学存在于各种教学理念、教学目的、教学方法及教学组织形式中。这些观点为我们认识探究教育的本质提供了一个全新的视角。但鉴于其中部分因素的交叉性，除部分借鉴其元素外，我们着手从教学过程中的四个变量，即教师变量、学生变量、教学内容变量、教学环境变量进行分析。这部分是非常丰富的领域，如学生的家庭背景，教师、学生的成长经历、个性特征等都影响着课堂的有效互动。我们主要考察各变量与课堂内教学直接相关的因素。

（一）教师

钟启泉教授指出，"教育改革的核心环节是课程改革，课程改革的核心环节是课堂教学，课堂教学的核心环节是教师的专业发展。"王斌华教授曾指出，有效教学的研究范围应该包括各个方面，如有效教学、无效教学、有效教师和无效教师等。上述观点都体现了教师在课堂互动中的重要性。之所以说教师是课堂有效互动的关键，是因为任何形式的课堂互动，都离不开教师的指导。教师的水平直接决定着课堂互动的效果。教师对课堂互动的影响主要体现在以下几个方面。

1. 教师的教学观念

不仅教师的教学观念影响互动，而且其他人的教学观念，如校长、家长的教学观念也间接地影响着课堂互动的有效性。仅就教师的教学观念进行讨论的话，主要是传统的教学观念限制了教师在互动教学中的作用。传统教学观注重结果，不注重过程，注重认知，不注重情感交流。教师认为教学注重的是知识的传授，忽略了对学生的创造性思维能力的培养和其个性发展的需要，剥夺了学生独立思考的权利和个性发展的自由。在这种教学观念下，教师的角色单一，学生的学习也很被动，师生关系也表现为单一的主客体关系或控制—服从关系。在传统教学观念中，教师是教学过程的控制者、教学活动的组织者、教学内容的制定者和学生学习成绩的评判者，是绝对的权威。教师可以根据自己的设计思路进行教学，并且要求学生按照自己的思路来完成课堂学习。这样不仅使教师自己的创造性受到了限制，而且禁锢了学生的思维，不利于课堂有效互动的实现，或者使互动只能流于表面，导致师生难以有深层次的交流与互动。课堂互动更多的是教师控制、学生服从，而教师与学生之间的平等交流与对话很难实现，实现有效互动更是天方夜谭。

反观具有新型教学观的教师，他们能始终本着"一切为了学生的发展，为了学生的一切发展"的原则。师生间是平等对话的关系。他们能认识到课堂教学中的互动，应该是师生双方心灵的交流、精神的领会与思想的碰撞过程。在课堂中，学生对于教师所提出的问题或学生间相互讨论的问题有所理解，但是由于欠缺运用合适的语言进行表达的能力，就可能以沉默回应教师，此时，学生不是一点不理解教师提出的问题，而是其内在知识外显化的能力不够，导致其无法开口表达。具有新型教学观的教师就能看到这点，并可以运用有效的方法，引导学生正确表达。同时，新型教学观念下的教师不会一味地要求学生进行表面互动，而是尊重学生的"缄默知识"，真正做到关注学生的发展，关注学生人格的培养，关注学生人际交往能力的发展，关注学生的内在情感体验。

2. 教师的知识结构

教师的知识结构并非教育学知识和学科知识的简单相加，而是将教育学知识、学科知识在具体教学情境中的运用所形成的知识。教师的知识结构变化和从教年限相关，但不是必然的正相关。在实际教学中，有些教师完全依靠自己的经验教学，忽视了学生的发展变化，也有很多新任教师缺乏教育实践，尽管具备了教育学、学科方面的知识，但是却缺乏实践经验，对课堂这个充满变化的环境还很不适应，难以驾驭课堂。由此可见，完整的教师知识结构对于课堂有效互动至关重要。

3. "教师期待"

"教师期待"对学生互动状况有着很大影响。著名的皮格马利翁效应表明：一旦儿童被教师或其他人分类后，某种"自我实现预言"心理就开始起作用。也就是说，教师期望学生有某种行为，学生就会对教师的期望做出回应。这种模式一旦建立，就很难更改。由此，教师的积极期待有助于学生良好行为的养成或者有助于学生的成功。此外，标签理论告诉我们，学生行为的好坏取决于教师的期待，如果一个人无数次被告知自己是哑巴，他也许会把这个标签融入自我概念中并在行为中体现出来，其结果或许是不再说话。

同样地，如果一个学生再三被教师评价很笨，在这个标签的影响下，他可能会自我认知为"我真的很笨"。相反，如果一个学生被教师鼓励"你可以的"，那么他可能会改变自我认知，重新认识自己，也认为"我可以"，最后取得进步。

（二）学生

学生是课堂互动的另一主体变量。课堂有效互动是"以学生为中心""以学生发展为中心"的。我们评价有效互动的成效，最关键的指标就是学生的成长。学生的参与程度、发展程度直接决定了课堂有效互动的水平，因此学生是课堂有效互动的核心。学生对于课堂有效互动的影响体现在以下几个方面。

1. 学生的现有知识

维果茨基曾指出，儿童有两种水平：一是现有发展水平，二是潜在水平，而"最近发展区"是介于这两种水平之间的正处于形成状态的心理机能。这种儿童的心理水平、概念结构进一步发展的可能性领域，即为"最近发展领域"。在实际教学中，了解学生的现有发展水平是教学的前提，教师要在学生现有水平的基础上，设计课堂教学互动，这样才能实现课堂教学的有效互动。否则教学就会脱离实际，无法激发学生参与互动的兴趣。

2. 学生的参与度

学生参与是实现有效互动的起点，没有学生参与的互动必定是低效的互动。学生群体的动力状态以及学生群体的整体认知水平直接影响着课堂互动的有效性。一般而言，整体认知水平高，学生集体的凝聚力大，就易于实现课堂有效互动。但学生的参与度是受多方面因素影响的，同龄群体对学生的行为和他们参与学习的动机具有重要的影响。在相关调查中发现，班级凝聚力大，则整个班级参与课堂互动的积极性高。反之，如果整个班级士气涣散，学生则极少主动参与课堂互动。只有学生参与了课堂互动，才有可能进行积极的思考。当然，这种参与可能是显性的也可能是隐性的。有的学生出于个性，很可能不会通过言语表现出来，但确实是在积极地思考。总之，学生参与是第一步，没有学生的参与是不可能实现课堂有效互动的。

(三) 学习氛围

学习氛围也是影响课堂有效教学实施的关键因素。营造有效的氛围就是要建立积极的学习共同体，激励学生参与有意义的学习活动。组成学生学习动机的因素很多，有效互动的顺利进行主要依赖于课堂激励策略的运用，同时也依赖于对能使群体变成积极学习共同体的策略的运用。但是，激励策略和群体发展策略也不能被简化成少数几个简单的指导意见。动机积极的学习共同体不是某一个重大事件单独促成的。相反，优秀的教师会把这些策略结合起来使用，直至动机成为课堂的永久性部分，在这样的课堂上，学生的心理需求会得到满足，他们会发现学习活动原来如此有趣和有意义，并且他们还知道自己会成功。

有效互动的主体以平等的身份参与，意味着教师与学生已结为学习共同体，在这个共同体内教师要引导学生由师生互动向生生互动发展。实现了这个转变，教学的信息将网状传递而不是线状沟通，也将使每一位成员在任何一个方位和角度上都能与同伴进行沟通，形成一种群体沟通优势。同伴之间的交往是信息灵感的最大源泉。在这里每一个学生不仅是互动的主体，而且是互动的资源，是一种群体资源的个体化分享。

三、有效提问策略

课堂提问是师生互动的一种重要方式，有效提问既可以调节课堂气氛，促进学生思考，激发学生的求知欲望，培养学生的口头表达能力，又能促进师生间的有效互动，及时地反馈教学信息，提高信息交流效益，从而大大增强课堂教学的实效性。有效提问要考虑到提问的启发性、创造性、适度性、实时性、适量性以及提问后的鼓励性评价，也要考虑到对象的层次，针对不同学生，提出不同问题并留下适当的思考空间。教师要在教学过程中做到有效提问，需要从以下几个方面入手。

(一) 适当追问

维果茨基强调要使学生处于他们的最近发展区中。显然，如果没有进入这个具有挑战性的区域，学生就只会去尝试那些他们已经知道怎样解决的问题。

如果教师提出的问题超越了学生的最近发展区，即使对他们的学习产生了帮助，学生也不可能真正理解其中的知识。从影响课堂有效互动的因素中可以发现，学生的已有知识是其能否实现有效互动的重要因素。因此，教师要实现有效提问，就要为学生搭建一定的"桥梁"，即在提问过程中是要适当追问，不仅要看学生呈现的答案，更要了解他是怎么想的。因为同样的答案可能是基于不同的思考方向得到的。通过追问，教师可以了解学生的思路，也可以进一步判断学生的发展水平。

（二）运用反问，打破思维定式

思维定式是心理学的一个概念，是人类心理活动的一种准备状态，它影响着人们思考问题和解决问题的倾向性，在一定程度上局限于某种固定的反应倾向，打不开思路，从而限制了人们的创造性思考。在教学中，培养学生的创造性也尤为重要。因此，在适当的时候，就要适当培养学生的创造性思维。运用反问，为学生开拓新的思考方向，从而引发学生思考，打破学生的思维定式，提高其参与的积极性，增加教学互动的深度。

（三）激发学生提问

课堂提问有两种：一种是教师的提问；另一种是学生的提问。一般来讲，在课堂互动过程中，教师更倾向于自己进行提问，因此往往忽略了学生也是可以提问的。叶澜曾说过："没有学生参与提问的课是失败的课、遗憾的课。"张民生也曾说过："我们的教学是为解决问题而教的，而学生提不出问题，本身就是问题。"尊重学生的提问权，就是要把提问的权利还给学生，鼓励学生提问，促使学生思考。教师要根据具体情况，为学生提问创造机会，培养学生的发散思维和提问能力。教学互动不是单纯地解决学生的疑问，而是激发学生的疑问，激发学生的问题意识。问题是思考的动力，问题对于激发学生成长的渴望、探求的冲动，有着不可替代的价值。教师只有激发学生提问，使学生自觉自愿地参与，并充分发挥主观能动性，才能真正实现有效互动。

四、基于数学课堂有效互动存在问题的量化观察与评价行动研究案例

（一）背景与分析

1. 发现问题

新课程实施以来，数学课堂有了可喜的变化，教师们普遍开始重视学生的学，但是一部分教师实施新课标的认识仍停留在较粗浅的层次，以为只要课堂上多让学生操作、多让学生发言、课堂足够热闹就可以了，结果导致"伪互动"的现象泛滥。具体表现如下：一是课堂教学过程中教师与学生一问一答，但所问答的问题是无思考价值的无效问题；二是教师在课堂上的提问多倾向学优生的现象严重，其他学生只能乖乖地做"陪衬"，无法真正参与互动教学活动；三是教师提问后并未给出足够的思考时间，学生只能哑口无言，生怕答错后被同学耻笑或被教师责怪；四是课堂上只有个别学生与教师进行简单的问答式互动，而其余的大部分学生只是认真听讲、积极做题；五是课堂上教师虽然设计了课堂探究活动，学生也动起来了，但是课堂秩序混乱，学生各玩各的，没有形成良性的探究与有效的互动。"伪互动"现象的后果是大部分学生在课堂学习过程中，只能被动接受教师对例题的讲解，低效度地参与了课堂学习，然后只能在对新知识一片朦胧的状态下，开始对课堂习题的解决过程。这样一来，不仅效率无从谈起，学会学习方法与技能也很难保证。

2. 现象分析及对策

课堂教学是有目的、有意识的教育活动。在课堂上，教师和学生两者都是主角，课堂教学就是人与人相互交往的互动过程，其中包括师生、生生、教师与个别学生、教师与小组、教师与全班等多种交流互动形式。但是，课堂教学中多种互动能否实施，决定权还是在教师手上，教师的教学理念决定了他们在课堂上的教学方式，教师要改变传统的师生人际观念，由权威型向民主、融洽的朋友式转变，这样才能将互动贯穿课堂教学。我校（禾仓小学）根据课题《小学数学课堂教学有效互动的实践研究》方向，先把目光投向了转变教师理

念方面，并且通过理论培训与同伴式科组磨课相结合的方式，将本次培训与实践行动相结合，通过培训与实践，使我们科组的教师明确：什么是互动？互动式教学的优势有哪些？互动的特征以及种类有哪些？怎样简单评价教师教学时互动的实施与有效性？等问题。

（二）行动策划

行动主题：数学课堂有效互动的量化观察与评价。

行动方式：理论培训与同伴式科组磨课相结合。

行动时间：2014年11月—12月。

行动参与人员：课题组与本校全体数学科组成员。

行动过程的四个阶段：第一阶段，课题研究内容的相关理论学习；第二阶段，根据课题研究方向设计系列课堂观测量表；第三阶段，在实践中培训课堂教学有效互动观测量表使用技能；第四阶段，课堂教学有效互动测量再实践与总结。

（三）行动研究的过程

1. 第一阶段：课题研究内容的相关理论学习（第一次培训）

（1）本校课题《小学数学课堂教学有效互动的实践研究》内容学习。

（2）课堂互动的意义与种类、测量与评价。

（3）培训内容简录：课堂教学中的互动种类。

（4）印发学习资料《课堂互动的现状分析》《课堂观察表及课堂实录与分析（节选）》《教学设计有效性的观察记录》《小学数学课堂学生行为观察分析诊断报告》《小学数学课堂有效互动障碍观察及思考》。

2.第二阶段：根据课题研究方向设计系列课堂观察量表

在理论学习与课题研究方向相结合的基础上，课题组成员对课堂观测的内容与方式进行了讨论与研究，研读了"弗兰德斯师生语言互动分析分类体系（FIAC）"等相关理论，从课堂观察的不同角度设计了三个课堂观察量表，即《禾仓小学数学课堂有效互动教师行为观察量表》《禾仓小学数学课堂有效互动学生行为观察量表》《禾仓小学数学课堂有效互动时间分配观察量表》。

3. 第三阶段：课堂教学有效互动观察量表使用技能培训

（1）第二次培训。

因为教师们对运用观察量表进行课堂教学观察与评价非常不熟悉，所以，为了更好地实施教学，我们首先组织了全体科组成员进行第二次培训，对这些观察量表进行了学习，明确观察的要点以及记录方法，以及根据观察数据进行评价的要点，并在此基础上，让教师们讨论如何进行数据记录，以确保记录数据更科学、更合理有效。

（2）第一次听评课实践：在听评课实践中学习测量与评课技能。

由巢老师上了一节公开课，全科组的教师采用分组合作的方式，15位科组教师分成三组，每个组的几个教师通过分工合作，用同一个观察量表对课堂教学进行观察，并对课中一些典型的案例进行记录。在观察数据的支持下，从不同的侧面对本节课的教师教学、学生学习情况等进行评价，然后各小组在全体科组成员面前汇报，最后由行动负责人进行本次评课小结。

汇报的结果显示：教师们在听课的过程中，能根据观察量表的项目进行记录，而且对于各记录过程中的实例记录意识较强，但出现的问题较多。例如，记录的数据不准确，纠结于互动是否有效而不敢记录，组内记录同一项目的人员记录数据相差较大，汇报时没有运用记录数据说话，等等。

（3）思考与调整。

针对第一次实践中出现的各种问题，我们把各小组记录数据以及小组评议资料收集起来，组织课题组成员对这些资料以及对第一次实践的实施情况进行了总结与梳理，针对教师们在记录数据时出现的状况，讨论解决的方法，并对三个课堂观察量表进行了一些调整。

（4）第三次培训：科组内教师合作小组互动，形成行动方法。

我们再次组织全科组教师进行了第三次的培训，针对量表的使用、运用观察数据进行评课的技能等进行了讲解与说明。然后由各小组分别进行讨论，商讨并制订行动方案。

4. 第四阶段：课堂教学有效互动测量再实践与总结（第二次听评课）

同组的教师先行研讨，对课堂观察的数据与案例进行沟通核对，根据自己小组的各个观察点，对本节课进行评议，指出成功之处以及不足，帮助执教者总结与提升，或者是提出一些看法与改进意见。其中部分小组意见如下：

（1）执教者反思。

在教学中，我能主动实施互动教学，课堂上，从自主探究到小组合作讨论，从问题的提出到互相交流，我感觉到学生都能主动参与学习的整个过程。回顾这节课的教学，我感觉以下几方面做得比较好：第一个是从生活实际入手，通过生活中的三个扇形物体直观呈现扇形，并从中抽象出扇形的形态，在激发学生兴趣的同时，也强化了学生对生活的认知；第二个是较好地运用了建构主义理论，把"扇形的认识"这个新知识与学生自身已有的几何基础知识有机地结合，为学生主动探究新知、重构知识体系搭桥铺路；第三个是放手让学生自主探究、合作交流学习，充分体现学生是学习的主体，让学生逐步完善扇形的概念，在观察、讨论、探究、操作的过程中，让学生初步经历认识扇形的过程，注重生生之间有效互动学习，强调学生是学习的主体；第四个是充分利用多媒体课件，把弧、圆心角、扇形等概念直观表现出来。

（2）第一小组发言。

我们小组运用了《禾仓小学数学课堂有效互动教师行为观察量表》进行观察，数据如下：有效互动共23次，其中师生互动13次、生生互动4次、师班互动6次；在课堂中，教师能有效创设情境共18次，其中生活情境5次、问题情境9次、活动情境4次；在教学中，学生有2次主动提问，教师均能热情回应，没有应付与忽视；在互动中，面对学生的回答，教师立刻亲自评价6次、让其他学生评价8次、忽略0次；面对学生的小组生生互动学习，教师做到有效调控的有8次、及时巡视指导的有5次、放任0次。

根据以上数据，我们认为执教教师在以下三方面做得很好：

第一，教师善于创设情境，目标明确，能为学生服务。本节课对互动情境的创设包括生活情境5次、问题情境9次、活动情境7次。特别是新知识引入时，教师巧妙地从折扇、扇形藻、扇形托盘等现实物品中抽象出扇形，做到直观形象，从而唤起学生的生活经验，使学生能清晰感知扇形的表象，产生探索新知的欲望。这样的情境可以使学生体会到数学来源于生活并应用于生活，激发学生的学习兴趣，创设的情境真正为教学服务。

第二，教师能在关键的地方创设互动，有效引导探究学习。《义务教育数学课程标准（2011年版）》强调，让学生亲身经历发生发展，并进行解释与应用的过程，从而使他们真正理解与掌握基本的数学知识与技能、数学思想与方法，从而获得数学经验。在本节课的互动过程中，师生互动13次，生生互动4次，师班互动6次。我们看到，学生们在动手操作、主动观察与交流、动脑思考的过程中，认识了"弧""圆心角""扇形"，并能对扇形进行准确的判断，这样做充分发挥了学生在教学中的主体作用。特别是在小组合作学习"扇形的大小与什么有关"的问题时，教师巧妙地引导学生利用已有的生活经验进行观察与思考，给学生创设自主建构知识的空间，培养和提高学生发现问题、提出问题、分析问题和解决问题的能力。我们认为教师充分落实了新课标提出的"四基"，培养了学生的"四能"。课堂上我们看到了活跃的学习气氛，全班学生都动起来了。

第三，教师注重培养学生的学习主体意识。在教学中，教师放手让学生互动和互评，对学生的提问与质疑态度热情回应，没有应付与忽视的现象，在对互动过程的管理方面，有效调控8次，放任0次，这些数据都充分体现了新课程标准关于教学活动的阐述，强调师生积极参与、交往互动、共同发展，学生是学习的主体，教师是学习的组织者、引导者与合作者，注重启发式教学，运用各种教学手段激发学生的学习兴趣，创造足够的时间和空间，启发学生独立思考，并且鼓励学生动手实践、自主探索、与他人交流，在独立思考以及与他人交流的过程中学会思考，这样就充分让学生参与到数学学习中来，从而让学生切实感受到了数学的魅力。

（3）第二小组发言。

我们小组运用《禾仓小学数学课堂有效互动学生行为观察量表》进行观察，记录数据如下：面对教师的提问，学生主动应答52次，被动应答4次，无应答1次，但教师马上引导学生思考，使问题得到解答；在课堂上，学生能对教师或同学的观点大胆质疑，提出不同意见的有16次，能应用已经掌握的知识与技能解决新问题的有8次，其中与同学有效合作解决问题的占了6次。

根据以上数据，对本课学生行为的总体评价如下：

一是从练习的效果来看，学生对知识的掌握情况不错，并且能够用新知识解决问题，如画扇形、扇形判断等问题，回答的准确率较高。

二是教师能巧妙创设问题引导学生互动学习。例如，在学习扇形的概念与特征、画扇形、讨论扇形的大小相关条件的时候，教师都能在关键地方提出疑问，引导学生通过小组讨论和互相交流的方式进行互动学习，学生的积极性与参与率均较高，学生敢于与同学讨论并在全班展示，而其他学生也能进行大胆评价与质疑，达到了生生互动的良好效果。很明显，有效的互动能充分发挥学生的主动性与参与度，提高学习的有效性，同时也很好地培养了学生的团队合作精神。

不足之处：全班39人，能主动举手回答问题的有33人，占85%，一直没有举手的学生有6人，约占15%，而教师没能关注这6个学生的情况；3人回答的机会较多，而有部分学生虽然经常举手，但教师没有关注，特别是在第2组后面的几个学生，这点也请执教教师以后多加注意。

（4）第3小组发言。

我们小组运用《禾仓小学数学课堂有效互动时间分配观察量表》进行观察，记录数据如下：教师讲解用时共约4分钟，占10%，师生问答用时共约11分钟，占27.5%，合作、伙伴学习共约20分钟，占50%，学生自学共约5分钟，占12.5%，非教学时间为0。

从数据上来看，我们觉得执教教师的时间安排比较合理，特别是在学生自主探究与小组互动的时间安排上做得较好。根据我们的记录，我们发现教师既重视学生的合作互动学习，也很善于引导学生独立思考，在关键的地方均设计很好的问题情境和探究情境，引导学生有效探究与互动。例如，在探究新知识时，教师从生活中的扇形物体抽象出扇形时，提出如下问题：谁能用自己的话说说扇形是由什么围成的？扇形有什么特征？并且明确学生要先独立思考，再与小组同学交流。这样安排，使教师从"权威"的角色向"同伴"的角色、从"讲师"的角色向"导师"的角色成功转化，教师在引导学生的过程中，注重其在独立思考的基础上进行小组合作互动，确保了生生互动的有效性，同样的例子也体现在对

"同一个圆中，扇形的大小与什么有关"这个问题的合作探究上。

（5）主持人总结发言。

今天，非常感谢执教教师为我们展示了一节课题研究的研讨课，在教学过程中，执教者很好地为我们展示了什么是数学课堂的互动、什么样的互动更有效、如何在课堂有效互动中帮助学生建构新知识。今天的课堂教学之所以能上得好，上得精彩，我们要感谢在这段时间的磨课过程中，磨课小组与全科组教师们的付出。在刚才的评课当中，我们可以感觉到大家的进步，各个小组在小组交流和科组交流的过程中，从课堂观测的数据出发，能有机地结合对教学中典型案例的记录，对本课的教学进行了恰如其分的评价，并提出了很好的改进意见，使大家获益良多，相信大家对于课堂有效互动的理解更加深刻了。实践正是我们理解理论、实施理论、提升理论的最有效途径，希望大家认真总结刚才所观、所记、所感、所言，把它形成一个较完整的反思，使今天的收获得到巩固，使我们的日常教学更加有效。

（四）本次行动研究的几点收获

将近两个月的实践研究，比较好地实现了预期的目标，明确了什么是课堂的互动，教师在课堂教学有效互动的特征以及如何评价互动的有效性等的认识方面也有了很大的提高。作为一次课题研究实践行动，我们课题组的成员也有了如下收获。

1. 课题研究要有理论的指导，做到"研"之有理

围绕课题《小学数学课堂教学有效互动的实践研究》，我们预期通过活动提升教师对课堂有效互动的认识与实施能力，但是如何做到更科学、更贴近课堂教学实践呢？课题组成员进行了一系列的理论学习，特别是学习了"弗兰德斯师生语言互动分析分类体系（FIAC）"的相关理论，在理论的指导下，我们设计了三个课堂教学有效互动行为观测量表，分别从教师行为、学生行为和互动时间分配等三个方面，让观课的教师在有目的、可操作的前提下进行课堂教学观察，而观察与评价的过程，其实也就是教师对教研主题的认识过程，这样一来，教研与科研才能使教师得到真正的提升。

2. 课题研究要紧靠教师的教学实践，做到"研"之有物

为了让教师更直观地认识课堂教学互动的有效性与评价，我们在设计了三个课堂行为观测量表的基础上，开展了三次实践，分别是两次完整地听评课和一次片段式的听评课培训，让科组教师在贴近教师实践的课堂教学当中，通过观察、记录、小组讨论、评价等过程，很好地形成了小组内、科组内的同伴交流。这样的交流着重用数据说话，在实践的过程中深入理解了"什么是互动""怎样简单评价教师教学时互动的实施与有效性"等问题，做到了"研"之有物，避免了传统教研活动当中的一些弊端，使人人都能成为主角。

3. 课题研究要讲究方法，做到"研"之有法

本次行动研究，我们采取了同伴式磨课的方式，课题组的成员与科组成员在理论的指导下，进行了四个阶段的反复学习与研讨。在培训的过程中，教师们经历了观课、小组内同伴交流、科组内的交流等环节；也经历了相同的观测点的不同观感、不同小组的不同观测点对同一个教学环节的不同看法等意见分歧，让我们的科组研讨产生思维的碰撞与升华。

在这个过程中，优秀教师的先进理念与优秀方法，也为科组同伴提升理念与认识提供了良好的榜样与资源，使我们的课题组成员与全科组教师都取得巨大的进步。

经过一个多月的行动研究过程，我们明显感觉到无论是在课内还是在课外，师与生、生与生、师与师之间一直存在双线、双向的互动，体现了"全员参与、自由沟通、情知相融、共同进步"的境界。

（五）下一步研究设想

虽然这次的行动研究取得了多方面的成效，但是我们感觉还是有一些方面做得不足，主要表现在以下几个方面：教师们对课堂教学互动的认识仍停留在较浅的层次；设计的三个课堂观测量表也存在着较多的不合理这处，特别是在针对性与科学性上不够理想。下一步我们将会在以下几方面做较大的改进：第一，进一步明确课题研究的理论依据，使课题研究更科学有效；第二，进一步细化课堂观察的量化标准，使我们的观察与研究更科学；第三，明确针对不同课型应该如何设置学习情境，引发教学的有效互动。

第三章

有效互动课堂
——培养学生自主学习能力

第一节　教学正迁移互动：
学生解决问题能力的提升

一、在小学数学教学中实现知识的正迁移

数学知识具有串联性较强、前后知识点关联密切等特点，因此，教师在教学过程中应尽力实现知识的正迁移。数学的许多知识点之间都有着内在关联，不同的内容常常可以产生有趣的互动，学生学习数学的兴奋点就是要多从这一点上寻找。探寻的兴趣有了，自主学习的动力自然也就有了。学生懂得了对所学知识进行有效的迁移，也就掌握了数学学习的精髓，学习效率也就随之得到提高。

（一）创设迁移情境，培养学生迁移能力

数学是一门与日常生活联系紧密的学科，生活中处处有数学，万事皆学问。教师在培养学生数学素养的过程中，必须融入实际生活，结合日常的点点滴滴，课堂上的教学情境也需要日常化、生活化。迁移情境就是要将课堂教学设计迁移到生活中去，引导学生走进实践。一切纸面上的数学问题，最后都要迁移到对现实问题的解决上去。书本上的内容是枯燥乏味的，而日常生活则是生动有趣、丰富多彩的。生活处处皆学问，把教学情境设置到生活中去，既能让学生产生学习兴趣，又可以提高学生的接受速度，增强他们对数学知识的学习能力。例如，在进行圆柱体相关知识的教学时，教师需要教会学生计算表面积和体积。圆柱体不仅是书上、练习题中的立体图形，更是在现实生活中可以

看到的真实物体。学生不仅要学会在习题中计算圆柱体的表面积和体积，更应当在生活中见到实际物体时自然地计算有关它的数据。因此，教师只教会学生计算公式是远远不够的，纸上的圆柱体都是抽象化的，生活中的圆柱体却是真实立体的，计算二者的表面积和体积时，运用的是不同的思维角度和方法，学生得到的锻炼也就不同。把数学问题迁移为生活问题，再反过来把生活问题总结成数学问题，提高学生的迁移能力，才是创设教学情境的本质内容。

（二）防止负面迁移，实现知识的正迁移

正迁移是数学学习过程中的良性现象，而负迁移则会对学生的学习能力产生消极的不良影响。小学生由于年龄小、心理稚嫩，学习能力还在塑造当中，如果出现了知识的负迁移，就可能影响到其学习进度和效果。教师的教学方法要符合学生的实际情况，课堂活动与安排要照顾到学生的认知水平，要考虑到学生的知识储备量和解决问题经验。负迁移多是由学生已学会的知识和经验造成的，因为我们在思考问题时会不自觉地受到以往经历的影响，会下意识地按照以前的方法去解决问题。教师要做好对迁移效果的处理工作，激发知识的正迁移，防止知识的负迁移。形成正迁移的方法有很多，而防止负迁移则需要教师寻找巧妙的方法，因为知识的负迁移经常是难以预料到的。分数除法应用题如何正确审题是一个很重要但又很易错的雷区。例如，"实验小学六（3）班有男生25人，比女生多三分之二，六（3）班女生有多少人？"，这里的"多三分之二"，部分学生会根据以往做题的经验，理解成"男生人数比女生多三分之二人"，从而列式为"$25+\dfrac{3}{2}$"，这时就需要教师做出引导与解析，改变知识的负迁移，将学生带到正确的方向上。

（三）联系生活教学，在现实中迁移知识

对于小学学生来说，生活就是学习的课堂，他们的主动学习意识还不明确。在学生接受知识的过程中，教师应充当学生最好的帮助者，引导学生用心观察生活，从数学的角度去思考实际问题，实现课堂知识的正迁移。学生在实际生活中遇到的问题，远远比课本上和习题册上的问题经典深刻得多，问题中的条件联系更加密切，知识点也是相辅相成的，教师帮助学生解决这种问题自

然会形成知识正迁移。例如，三角形的教学结束后，教师应该引导学生思考：生活中有哪些物体是三角形？学生就会展开联想：红领巾、衣服架、斜拉桥、三角尺等都是三角形。教师可以进一步要求学生以这些实物为例，自行编写关于求三角形面积、周长的题目，然后求出答案。这样的安排无疑可以激发学生的无穷创造力，学生会编写出很多别具一格的题目，进一步形成知识的正迁移，也可以使学生对三角形相关性质和知识的理解更加深入和透彻，提高学生的思考能力。

（四）类比两类事物，实现知识类推迁移

小学数学的知识迁移中，类推迁移是重要的一环。知识的迁移往往是由于两种知识存在很多相似之处，有着共同的内在联系。小学的知识以基础知识为主，新内容与旧内容之间存在延伸和回顾的关系，共通的地方有很多。教师要注重发掘新旧教学内容的相同部分，使用类比的方法，帮助学生对自己学习的知识进行各方面的比较，指导他们从已学过、已掌握的知识中总结并发现新的知识。例如，在学习分数的基本性质时，教师可以顺便提及除法的相关知识，引导学生进行思考与比较，从而总结出分数的相关知识，这样学生不仅巩固了已经学过的知识，同时也掌握了新的学习内容。再如，在帮助学生认识一些几何体时，肯定会涉及其表面积、体积的相关知识，这时教师可以准备一些几何体的模型，让学生能够立体、直观地认识几何体，并将几何体进行分割、翻转等变换，把几何体转化为学生以前学过的图形进行研究，这样学生就能够根据自己已经掌握的旧知识，悟出几何体表面积、体积计算等方面的新知识了。

总之，对于小学生来说，知识迁移是数学学习中的一个重要内容。因为知识迁移对于巩固旧知识、学习新知识能够产生良好的效果。迁移，在新旧知识之间架起了一座桥梁，联系起了彼此。正迁移是良好的学习现象，也是必须培养学生的良好学习习惯。因此，教师要做好引导工作，确保学生的学习效果。

二、提升学生解决问题能力的具体措施

小学数学的课程目标是教会学生理科知识，让学生通过数学课程的学习掌

握一定的数学技能与理论知识,然后将之运用到自己的实际生活中,解决真实存在的问题。但从目前来看,很多学生学会了课本知识却不能更好地将之运用到实际问题的解决中。教师要提高学生综合运用知识的能力,需要从以下几个方面入手。

(一)帮助学生构建系统的知识结构

学生要学会综合解决问题,知识的储备是必不可少的,有了丰富的知识储备,才能构建完整的知识结构。小学数学的知识大多比较零碎,不能够成为一个体系来让学生吸收与学习,这样学生学起来就会比较困难,教师教起来也比较费力,并不能取得很好的教学效果。因此,教师在教学过程中应该找到知识点之间的连贯性,将知识连贯起来形成系统。例如,教师在教给学生小数乘法和除法时,在备课过程中应该将相关知识点在大脑中形成一定的体系。在教学过程中,教师要根据自己备课时构建的知识体系引导学生、启发学生,帮助学生建立知识架构,以便更好地提升学生解决问题的能力。

(二)进行问题情境的设置

把学生引入问题情境,让学生置身其中,可以激发学生思维,让学生在情境中不停地发现问题然后解决问题,总结出解决问题的方式方法,提高其学习的兴趣。下面是一个教学情境假设:"假如今天是儿童节,小朋友们都来学校过节日了,最后的联欢会上,我们拿来了一个蛋糕,但一共有6个小朋友要分蛋糕,那么我们应该如何让每位小朋友的蛋糕都同样大呢?"这个情景的设置目的是加强学生对几何思维与乘除法的运算能力,教师可以运用各种工具、教材以及必不可少的多媒体教室来创造一个生动有趣又逼真的情境,让学生真正融入进去,然后让学生自己动手操作,学会如何将蛋糕等分成6份。这种有趣的情境假设,可以让学生在游戏中学到知识并且提升其解决问题的能力,激发学生思考,还可以缓解学生学习的疲劳,最终真正提高学生解决问题的能力。

(三)组织学生进行探究性学习

传统教学模式是教师讲、学生听,是机械性的学习。学生只是学会了知识的表层,但没有了解到知识的真正内涵。学生在这种教学模式下也不是主动地学习，而是被动地学习，学习效果自然不会好。因此，教师在教学时应注意组织学生进行探究性学习，让学生的思维占据教学活动的主导地位，教师自己只进行辅助与纠正。以上面的情境设置的例子来说，在学生讨论如何把蛋糕分为6块的时候，教师应该让其进行多方面的尝试与探究，并提出各自的看法，最后教师再进行总结。探究合作式学习可以加强学习效果，提升学生的学习能力，提高其运用知识解决问题的能力。

（四）将理论知识与实际问题相结合

通过相关调查可以发现，学生在学习理论知识的时候十分纯熟，在解决课本问题的时候也游刃有余，但是在将知识运用到实际问题上的时候往往显得比较吃力，这是因为学生无法将理论知识与实际问题的解决进行有机结合。所以教师只有让学生把所学知识与问题解决相结合才能提高学生解决实际问题的能力。例如，在学习三角几何的课程时，教师要给学生一个可以实践的平台，不能只给学生展示课本上的平面知识，更应该运用一些简单的教具与模型，让学生发现三角形的稳定性特质，再引出其他相关知识。通过这样的方式，教师可以帮助学生将课本的理论知识与动手实践相结合，在增长学生知识、锻炼学生动手能力的同时丰富课堂，使课堂变得更加精彩有趣。

三、促进教学正迁移互动的策略

学习迁移是课堂教学目的所在，评价课堂互动是否有效的标准就是能否达成学习的正迁移。教育心理学研究表明：学习的正迁移量越大，说明学生通过学习所产生的适应性学习技能和解决新问题的能力越强。所以，教师的备课与教学过程应该抓准新知识生长点以及运用数形结合等有效策略，促成课堂学习正迁移的产生，达成课堂学习的高效互动。

教育心理学研究表明：学习迁移指的是一种学习对另一种学习所产生的影响，如学生学习了正方形的面积计算方法，将会有助于其学习正方体的表面积计算方法。而正迁移则是指在学习新知识和解决新问题的过程中，较好地运用已有的知识与技能，对学习新知识、掌握新技能的目的产生正面促进的效果。所谓"举一反三""触类旁通"就是对学习正迁移的现象描述。课堂教学是由各种互动共同构成的，评价课堂互动是否有效的唯一标准就是能否达到学习的正迁移，学习的正迁移量越大，说明学生通过学习所产生的适应性学习技能和解决新问题的能力越强，新的知识体系的建构也就更加牢固与完善。所以，我们在备课与教学的过程中应该运用有效策略，促成学习正迁移的产生，达成课堂互动的有效甚至高效。

（一）抓准新知识生长点，促成高效正迁移

戴维·保罗·奥苏贝尔认为：一切新的有意义的学习都是在原有学习的基础上产生的，学生原有认知结构的特征始终是影响新知识学习的关键因素。因此，我们要把新知识的学习置于整个知识结构当中，在学生原有知识结构的基础上，找出新知识的生长点，搭建支架，促成学习的正迁移。在实际操作中，教师必须在研读教材的基础上，充分思考教材的整体架构与学生已掌握的知识，明确新知识的"生长点"以及学生的最近发展区，然后设计相应问题，引导学生思考，从而达成学习正迁移。例如，在教学人教版六年级上册"工程问题"时，笔者根据不同的思考，做了两次的尝试。

第一次尝试中，我们通过研读教材，把"工程问题"教学的生长点定为分数除法知识中单位"1"的判断以及数量与分率的对应等相关知识，且准备了以下几组问题。

（1）修一段2千米的路，甲队每天修$\frac{2}{5}$千米，几天修完？

（2）修一段2千米的路，甲队12天修完，平均每天修这段路的几分之几？

（3）修一段路，甲队5天修完，平均每天修这段路的几分之几？

（4）修一段路，甲队每天修$\frac{1}{5}$，几天修完？

在（3）、（4）两个小题中，我们都可以把要修的这一段路看作工作总量，然后用"1"来表示它。这些问题的设计意图有以下几点：一是抓住新知识的起点，明确分数应用题的思路中可以把总工程量看作单位"1"进行解题，为学生跨越量与率的壁垒做准备；二是通过（2）、（3）小题的训练，让学生体会无论有多长的路，只要甲队是几天修完，那么甲队平均每天修路就占这段路的几分之一。

我们在引导学生读题、理解后，提出问题：工作总量不知道，怎么计算两队合修道路的时间呢（图3-1）？

如果两队合修，多少天能修完？

图3-1　两队合修道路问题（图片来源：作者提供）

在小组讨论的过程中，很快地，有学生根据准备题组中的提示，想到了用"1"表示工程总量，再分别用$\frac{1}{12}$和$\frac{1}{18}$表示甲队和乙队的工作效率进行计算。但是，在如何列式计算的过程中却遇到了不会先求出两队的工作效率和的问题，最后经过教师提醒后才完成了列式计算。此时，再由教师设疑：我们刚才的计算过程中，没用到道路的总长度进行计算，是不是不管总长度怎么变，所得的工作时间都会相同呢？接下来，教师可以让学生思考，假设道路不同长度时，两队的工作时间是多少。但是，这里又出现问题了，学生把道路总长度放到列式当中，可是求解工作效率的时候还是用了$\frac{1}{12}$和$\frac{1}{18}$，结果还是由教师再次提醒，如果工作总量用的是道路长度的话，那么求工作效率时也必须用道路长度进行计算。

在课后反思中，我们发现教学中出现了两次学生忘记先求效率和的现象，这与我们在课前的预设不符。造成这种现象的原因就在于，我们在研读教材时没有找准新知识的另一个生长点，也就是相遇问题的解题模型，没有找到旧的知识结构的准确落脚点。

在第一次尝试教学与反思的基础上，通过再次研读教材与教师教学用书，我们对新知识的生长点进行了重新确定：一是分数知识中关于单位"1"的判断以及数量与分率的对应等相关知识，二是五年级上册"相遇问题"中的两车同时相向而行，求相遇时间的解题模型。根据这样的思考，我们先准备了以下两组问题：

（1）修一段路，甲队5天修完，平均每天修这段路的几分之几？

（2）修一段2千米的路，甲队12天修完，平均每天修这段路的几分之几？平均每天修多少千米？

这些问题的设计意图是抓住新知识的生长点，明确在分数除法解决问题中可以把总工程量看作单位"1"进行解题，为学生跨越量与率的壁垒做准备。在此基础上，我们设计了第二组问题，即解决下面的问题，并说说根据什么数量关系进行列式。

（3）修一段2千米的路，甲队每天修$\frac{2}{5}$千米，几天修完？

（4）一段2千米的路，甲队每天修0.4千米，乙队每天修0.2千米，甲乙两队合作几天修完？

第（3）、（4）题的设计意图是引出一般行程问题求相遇时间的解题模型（工作时间=工作总量/工作效率和），以此为新知识的生长点，并且为新知识的学习做好铺垫。

我们在引导学生读题、理解后，提出例题（图3-1），根据学生的现场反馈，提出以下问题：同学们请看，这道题完整吗？你觉得还差了什么信息？然后再提示学生可以用假设法，把"道路的长度_____千米"这个信息补进去进行解题。这样就把学生的学习引入小组合作探究的活动中。汇报时，充分展示不同小组的不同方案，当发现众多的不同假设都算出相同结果时，学生的思维状态已经达到高度集中与活跃，有些学生就自然而然地联想到准备题中用"1"表示工作总量的做法，尝试之后，学生就能发现不论道路的长度怎么变，当把它看作是"1"的时候，甲队的工效就是工作总量的$\frac{1}{12}$，而乙队的工效就是工作总量的$\frac{1}{18}$，两队合作一天就总是完成工作总量的$\frac{5}{36}$。

通过两次尝试对比，我们不难发现：要做到真正促成学习的正迁移，准确把握新知识的生长点可以说是成功的首要前提。在第二次尝试中，由于抓准了新知识的生长点，学生的自主互动探究显得稳定而清晰，无论是小组的假设计算，还是迁移到探索建模的过程，都呈现水到渠成的态势。

（二）利用数与形的结合，促成高效正迁移

在教学中，我们经常遇到一些涉及规律探究的内容，这类知识比较抽象，而且概括性强，学生不易理解，更难以用较清晰的语言来表述规律。这时，我们可以结合规律的教学要求，运用数形结合的手法，把抽象的规律图像化，以一种较为具体的形式使之整体呈现在学生眼前，为学生照亮探索之路。

例如，在小学六年级分数除法单元的"分数除法练习课"中，为了让学生更深入地理解分数除法的一些特点，我们可以设计"探讨商和被除数的大小比较"活动，内容设计如下：

（1）先计算，再比较商和被除数的大小，你能发现什么（图3-2）？

经过计算与观察，我发现了：_____。

设计意图：通过明确的提问，引导学生有序观察并小组探讨，发现商与被除数的大小变化规律。

$$\frac{1}{2} \div \begin{array}{|c|} \hline \frac{1}{5} \\ \hline \frac{5}{6} \\ \hline \frac{6}{7} \\ \hline \end{array} = \qquad \frac{1}{2} \div \begin{array}{|c|} \hline \frac{4}{3} \\ \hline \frac{6}{5} \\ \hline \frac{8}{3} \\ \hline \end{array} =$$

图3-2 例题1（图片来源：作者提供）

（2）你能运用刚才发现的规律很快完成下面各题吗？

在_____里填上">""<"或"="。

$\dfrac{3}{10} \div \dfrac{2}{3}$ _____ $\dfrac{3}{10}$ $\qquad$ $\dfrac{7}{13} \div \dfrac{9}{7}$ _____ $\dfrac{3}{17}$ $\qquad$ $\dfrac{4}{5} \div \dfrac{1}{3}$ _____ $\dfrac{4}{5} \times \dfrac{1}{3}$

设计意图：运用规律，快速解决一些常见的计算问题，让学生体验数学的魅力。

一般来说，在"商与被除数大小变化规律"的探讨设计中，通常都会直接

设计成第（2）小题的形式，让学生计算后得出大小比较的结果，再互动探讨规律，这样往往会使学生的理解不够清晰，而且知识的呈现一晃而过，没能给学生留下印象。而在上述设计中，第（1）小题巧妙地运用了数形结合的形式，使学生从上到下或从下到上进行有序的比较，同时还可以将左右两组题进行对比，很清晰地帮助学生理解规律，再经过第（2）小题的运用规律练习，收到了很好的教学效果。

第二节　小组合作学习互动：
学生合作能力的培养

一、合作学习互动

合作学习是一种小组学习的形式，一般指学生在异质小组中彼此互助，共同完成学习任务，并以小组总体表现为奖励依据的课堂教学方式。合作学习在形式上是学生座位排列由过去的"秧田式"变成合围而坐，使学生间建立起积极的相互依存关系，每一个小组成员不仅自己要主动学习，而且有责任帮助其他同学学习，以全组每一个成员都学好为目标和考核标准。教师根据小组的总体表现进行小组奖励，学生同自己过去比较而获得奖励。

合作学习不仅有利于提高学生的学业成绩，而且能促进学生的情感发展，提高学生的交往能力，满足学生的交往需求。尤其重要的是，合作学习使个别差异在集体教学中的积极作用得以充分发挥，使每个学生都能在合作互动中实现不同程度的进步，这与新课程所提倡的重视每一个学生的全面发展的理念是相符的。

合作学习的形式很多，其中常用的有以下六种：

一是施行学生小组成绩分工制。这种做法将学生分成4~5人一组，先由教师讲授教材，并对练习作业给予适当提示，接着以小组为单位做练习作业，然后对所学知识进行测验，测验须独立完成，试卷由教师批阅，并把个人得分转化为小组总分。每个学生对小组做出的分数贡献，是由该生此次测验分数超过自己过去测验平均分数的部分决定的。例如，测验成绩低于过去平均分者得5分，最高分为10分，测验成绩优异者无论其以往测验成绩如何，一律得到10分。

二是举行小组游戏竞赛。这种做法先将学生分成5~6人一组，教师对某一学习单元做初步的讲解，然后将练习作业发给每个学习小组。小组成员共同思考，相互提出问题，直到学生都认为自己已经掌握为止。接着开展竞赛性小组游戏，一般每周举行一次，用以检查与作业练习相类似的知识技能。每一游戏小组均由3名学生组成，其成员从各学习小组中挑选。为保证竞赛的公平性，前一次测验或竞赛成绩最高的3名学生安排在1号桌，得分第二的3名学生安排在2号桌，以此类推。每张竞赛桌上的优胜者均为其所在小组赢得相同的积分点数。这就意味着，不管是优等生还是差生，均有机会取得成功，为所在小组做出贡献。参加游戏的学生在竞赛中得的分数转化为团体总分，以此决定小组的优胜名次。

三是使用切块拼接法。这种做法是将学生分成5~6人一组，把一项学习内容分割成几个部分或片段，每个学生负责掌握其中一个部分或片段。随后，把分在不同小组中而学习同一部分任务的学生集中起来，组成一个个"专家组"，共同学习和探讨所承担的任务直至完成。然后全部学生都回到自己的小组中去，把自己已经掌握的那部分内容教给同组其他同学，以此达到学生对学习内容的全面掌握。一个学习单元结束后进行测验，检查每个学生对学习内容的掌握情况。每个学生的测验成绩单独计分，小组之间不进行比较。切块拼接法是将合作与学习任务挂钩的一种教学方法。

四是共同学习法。这一做法是将学生分成4~5人一组，统一分配教材共同学习。小组共交一份报告单或答卷。奖励以小组为单位进行，根据小组平均分计算个人成绩。

五是使用小组调查法。这一做法是将学生分成2~6人一组，先由教师根据各个小组的不同情况制定学习课题，将子课题分配给每个学生。小组成员通过合作收集资料，共同商讨向全班汇报或呈现学习结果。汇报方式不能照本宣科，而是要采用短文、演示、实验、展览、小测验、竞赛等生动有趣的形式，以引起全班同学的关注与好奇。最后教师或学生自己就各小组对全班的贡献做出评价。小组调查法在发挥学生的自主性方面尤为突出，任务的关联性也很强。

合作学习的操作形式虽然很多，在实践中每种形式的侧重点也各有不同，但有五个不可缺少的因素，即互相帮助、个体责任、当面互动、有效沟通、定期评价。教师在使用合作学习法时，需要注意以下几点。

（一）教学目标的明确化

课前有两类目标需要明确：一类是认知目标，设计时要考虑学生的现有水平和最近发展方向；另一类是合作技能目标，教师需要明确一堂课要强调的合作技能是什么。

（二）教学前的准备

首先是建立合作小组，小组规模一般以2～6人为宜。小组规模应尽量小，以保证每个小组成员都能参与达成小组目标的过程。然后将全班学生按组内异质、组间同质的原则，根据学生性别比例、兴趣、倾向、学习水平、交往技能、守纪律情况等合理搭配，组成小组。小组一旦成立，就要保持一段时间的相对稳定，直到他们取得成功，或者学完一个单元、章节后再调整小组成员。

其次是小组围坐成圈，学习材料尽量统一，彼此看得见对方的眼睛，彼此不必提高音量影响别人，在温和的气氛中交流。围坐成圈通常是最好的一种安排方式。各小组应留出一条教师可以通行的通道，同时各小组保持一定的距离，不至于相互影响学习。

最后是提高学生的互赖性，进行合作学习前，教师要先将设计好的学习材料分到小组，使学生都参与学习并达成学习目标。教师要通过分配材料，将学生置于一种互相依赖的情境之中，通常可以使用以下几种方式。

1. 材料上的互相依赖

每个小组只给一份材料，在初用合作学习的过程中，运用此法可取得较好的效果。在这种情况下，学生们不得不一起合作，以取得成功。

2. 信息上的互相依赖

教师可以给每个小组成员不同的书和材料，让他们进行总结概括，也可以

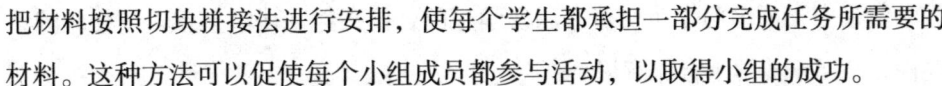

把材料按照切块拼接法进行安排,使每个学生都承担一部分完成任务所需要的材料。这种方法可以促使每个小组成员都参与活动,以取得小组的成功。

3. 建立对立面,促进互相依赖

教师可以把材料设计成具有组间竞争性的竞赛形式,以此为基础促进小组成员之间的互相依赖感。

上述这三种方式不必同时使用,可以灵活地选择使用。

最后教师需要给学生分配角色以确保他们之间的互相依赖性。积极的互相依赖还可以通过在组内分配互补和有内在关联的角色来实现。每个学生都分到一个促使小组有效活动的角色,这些角色包括总结人、检查人、发言人、精确性裁判、联络员、记录员、观察者等,分配这些角色是教给学生合作技巧,促进学生之间的积极依赖的有效方法。

(三)创建活动任务促使学生形成互相依赖

首先,教师要向学生布置说明学习任务,使学生明确教学目标;其次,教师要让学生明确其个人责任及小组合作的目标,并建立起组内与组间的合作交流关系。此外,教师还应从操作意义方面,提出适合小组合作学习的具体行为要求。

(四)帮助学生,并监督合作的有效性

教师要保证学生在课堂上有事可做:一是观察合作小组的情况,做好巡回指导,向学生讲授必要的技能,并回答学生提出的各种问题,给以援助;二是介入一些小组的活动,并提出建议,提供更有效的合作方法;三是与学生交流,及时反馈;四是做好总结,鼓励和引导学生提出新的问题等。

(五)搞好课堂评价

课堂评价从以下方面着手:小组活动方式、小组活动的秩序、组员参与情况、活动结果的汇报水平、对其他组意见的补充修正、组员学习的效果考核等。

二、学生合作能力的培养策略

(一)激发兴趣,培养合作意识

激发学生的团队合作意识是培养学生合作能力的前提。教师在平时的教育教学活动中，要多与学生交流，激发学生的合作兴趣，让学生意识到合作的重要性，从而培养学生合作意识。

激发学生合作兴趣的方式多种多样，在小学教育阶段，教师可以通过讲故事的方法让学生在不知不觉中感受"团结起来力量大"的道理，让学生明白，一个人的力量是微不足道的，只有团结合作，把更多的人的智慧、力量集合起来才能解决问题。所以，合作是非常重要的，学生明白了团队合作的重要性，就会自觉自愿地与人合作，合作意识也就自然形成了。

（二）创设情境，营造合作氛围

在新课程背景下，教育学者提出了"交往教学过程"教学论。"交往教学过程"的教学方法，已经不再提倡以教师为主体的教学和以学生为主体的教学，而是强调教师和学生之间、学生和学生之间的平等对话，在这个平等的对话过程中，渐渐形成一个统一的理解和认识，形成一个更为有效的办法。

这种新型的教学环境，实现了一种既能发挥教师主导作用，又能充分体现学生主体地位的以"自主、探究、合作"为特征的教与学方式。这样就有效地把学生的主动性、积极性、创造性更加充分地发挥出来，使传统的以教师为中心的课堂教学结构发生了根本性变革，使学生的创造精神与实践能力的培养真正落到实处。

（三）激励学习，创新合作思维

教师在让学生知道为什么要与人合作、什么是合作之后，还要教给学生合作的方法，这样才能切实培养学生的合作能力。

1. 保证让每个学生都参与到活动中来

在群体活动中，有些学生有时候别人说什么他也说什么，没有自己的主见，交往能力弱一些，或者不能够把自己的想法准确地表达出来，在活动中只是一个听众；而有些学生在合作活动中总是滔滔不绝，他们成了活动中的主导者，他们的说法，不管对的还是错的，不管完整还是不完整，都会成为本次活动的最后意见。面对这样的情况，教师应及时进行调整，在了解每个学生的情况下对小组成员进行合理搭配，并在每次活动的过程中为每个学生安排任务。

为了使每位学生都能有效地参与到小组合作学习中来，教师应事先建立一些基本的小组合作的规则。例如，讨论前，教师可以让小组成员先独立思考，把想法写下来，再分别说出自己的想法，让其他人倾听，然后再讨论，形成集体的意见。小组合作学习绝对不能演变成"好学生讲，差学生听"的模式，教师要根据学生的特长，在小组学习分工时，给每个学生适当的机会，让学生感受到他在小组中的重要地位，认识到自己有发言和倾听的权利和义务。

2. 确立明确的学习目标

团队的核心是共同奉献。教师要善于把握合作学习的各阶段情况，能根据学生的年龄特征、知识结构提出合理、有意义的学习目标，让学生觉得这些问题非常有讨论的价值，愿意将自己的想法表达出来，同时又能将每一个问题联系起来思考。在每次活动之前，教师要让每一个学生都明确本次学习活动的要求，再进行动手操作或讨论，这样的活动才是有效的。教师在组织学生开展小组合作活动之前，需要经常问一问学生，请他们说一说教师的要求是什么，以及怎样做等。

3. 运用恰当的评价方式

讨论活动结束后，教师不仅要注重学习结果的汇报交流，更应该注意对合作学习活动过程的评价。这个评价应以激励为主，再针对一些不足之处提出可行性建议，可以对某一个合作小组进行评价，也可以对小组内的个体进行评价，让学生对合作的过程充满信心和兴趣。例如，教师可以采用设立"最佳交流奖""最佳搭档奖""共同进步奖""最佳智囊团"等多种荣誉奖项来鼓励学生，让学生更乐于参与以后的小组合作学习。

（四）开展活动，展现合作能力

教师要充分利用各种教育教学资源，从实际入手，积极组织学生参加各种活动，让学生认识到集体的力量和团结的优势。

1. 开展数学竞赛

为了激发学生学习数学的兴趣，提高在合作活动中的数学计算能力，教师可以组织学生以口算、习题计算等形式进行竞赛，促进学生间的交流与合作。

2. 学会倾听

学会倾听是合作的前提。就是要学会在与人交流时，做到静下心来耐得住性子，认真仔细地听取别人的发言，不随意打断或插嘴，要听清楚教师的提问、要求，听明白其他同学的发言。学会倾听能使我们吸取别人的长处，弥补自己考虑问题的不足，也能使我们萌发灵感，还能使我们养成尊重他人的良好习惯。

三、培养学生合作能力的关键点

（一）培养学生的合作兴趣

教师想要培养学生的合作兴趣，就需要通过具体的实践让学生更加喜欢合作，更加乐于合作，这才是培养小学生合作能力的主要目的。教师应在数学教学过程中增强合作环境的创建，通过形象化的情境创建，提升学生对于数学这门抽象复杂的课程的理解能力。情境的创设主要是为了让学生有更好的学习体验，这能够促进学生更好地掌握数学知识。教师应当在教学设计时将情境环境的设计列为重要部分，将所要传授的数学知识与相应的模拟场景有机结合，增强学生的学习感受以及学习热情。模拟实践场景也是促进学生之间合作交流的重要手段，因为情境创设后需要学生共同合作来完成任务。

教师在教学之前，应当对知识进行研究分析，为每个知识点设计形象生动的情境，组织学生进行情境模拟，这样不仅能让学生对于数学知识的掌握提升一个层次，更能使学生对于数学学习产生浓厚的兴趣。小学生的心智发育不够成熟，对于新鲜事物有着强烈的好奇心，所以学生之间互相合作，能够提升学生的合作能力，促进学生之间关系的友好发展，并且能够使学生的学习体会更加深刻。教师在设计情境时，要对知识与实际的结合有较为准确的把握，要设计出符合学生兴趣爱好的场景，以提升学生的参与热情和积极性。

（二）提升学生的数学能力

教师在设计教学内容以及提升学生合作能力时，都应当以保证学生的数学学习能力为基础，因为这不仅仅是教师的职责，也是新课程标准的具体要求。随着社会的发展和进步，学生学习能力的提升将会使其受益终身，对于小学生今后走进大学、走进社会都有着十分重要的作用。教师在教学过程中尤其应当注重学优生与学困生的合作共赢。优秀的学生与学困生的交流合作，不仅对学困生有促进和帮助作用，并且可以提升学优生的领导能力，还能促进学优生在帮助学困生时对数学知识进行回顾与思考。教师也不能只关注学优生的发展与合作能力的提升，而是应该对所有学生一视同仁。

教师在对学生进行分组时，应当将学优生与学困生进行穿插分组，保证每个组都有学优生与学困生，通过学优生带动学困生，来帮助学困生对于数学知识有更好的理解与掌握，提升学优生的领导能力和团队意识。例如，在学习"加减法"时，要让数字记忆较为牢固的学生与对于数字很陌生的学生共同学习，让前者多带动后者；而对于学困生，要加强鼓励，让学优生对学困生多加关照与监督。

（三）建立合理的评价机制

教师建立合作评价体系，能够在一定程度上保证合作学习的顺利开展。因为合理的评价机制能够对学生的合作进行有效的监督与反馈，教师通过评价结果可以直观地看到每个学生的合作学习情况。教师仅仅通过课堂的教育与口头的监督，不能保证每个学生都积极地参与合作学习，无法保证每个学生在各自的小组里都充分发挥自己的作用，扮演好自己的角色。教师必须认真设计评价体系，并且将评价系统合理运用到合作学习之中。教师在建立评价系统时应当尽量保证系统的具体性、全面性和及时性，保证评价结果的科学有效，保证对小学生的合作情况有十分客观的反馈。

例如，教师可以设计学生小组合作参与表，对每个学生的想法、观点等进行记录。在合作学习之后，应当设计检测试卷来检测每个学生的学习成果，对于成果不够显著的学生要及时与其进行交流，判断造成这种现象的原因，并采取相应的对策。教师还应当对于态度积极或者对小组学习帮助较大的学生给予相应的鼓励或奖励，因为小学生容易受到表扬的影响，他们会在表扬之后变得更加热爱学习，对教师以及数学课程更有信心，更充满热情。所以评价系统的完善对于小学生的团队学习和团队能力的提升具有十分显著的作用。

综上所述，要提升小学生的合作能力，还需要教师通过实践并结合学生的实际发展状况做出改善。但是，教师必须保证的是合作学习的策划要符合小学生的心理发展情况以及小学生的爱好需求。小学生容易受到新鲜事物的吸引，所以创新教学模式是提升小学生合作能力的良药。教师必须完善自己的评估体系以及教学模式的各个环节，这样才能真正促进小学生合作能力的提高。

四、小学数学课堂教学中小组合作学习的行动研究

（一）现状与分析

新课程强调学习方式的转变。在小学数学课程改革不断推进的过程中，必须同步构建小组合作学习等新的教学方式和学习方式。而在课堂上，小组合作学习有以下几个误区：

第一，将小组合作理解为小组讨论。我们经常可以看到这样的教学场景：当教学进行到某一环节时（通常是教师的提问无人应答，教学进行不下去时），教师便会要求学生"几个人讨论讨论怎么回答这个问题"。这时，有的学生按照教师的要求发表自己的看法，但往往是你说你的，我说我的；有的学生则利用这个机会说闲话。

这样的小组讨论是没有明确的团体目标指引的群体学习行为。教师使用它只是为了使教学顺利地进行下去，其出发点是完成自己对教学的设计（以教师为中心）。这种小组讨论不是真正意义上的小组合作学习。

第二，自由放任，缺乏监控。有些教师上课伊始便布置合作学习任务。在学生进行合作学习时，有的教师退至教室的一侧耐心等待，有的教师如蜻蜓点水般在各学习小组间游走。小组合作学习结束后，教师开始依次听取各小组的汇报，汇报完毕，课堂教学活动便宣告结束。在这样的课堂上，教师可有可无，小组合作学习处于一种缺乏监控的自由放任的状态。

第三，少数人学习，多数人休闲。小组合作学习时，学习好或者性格外向的学生频频发言，其他人则成为"多余的人"，坐在那里静听，小组汇报时真正发言的只有一两个学生。在这样的课堂上，参与合作学习的只是少数几名学生，大多数学生是游离于学习过程之外的。

为此，笔者在2013年3月对我校中高年段部分学生进行了一项关于小学生数学小组合作学习情况的问卷调查，并提出了《运用知识点分解，细化个人分工的小组合作互动模式的实践研究》课题进行研究。现将调查问卷及其统计数据列出如下：

小组合作学习情况调查问卷

亲爱的同学：

你好！

本次调查是为了了解大家在课堂上真实的学习心态、学习方法、学习过程以及存在的困难等内容。调查结果不公布、不评比，只为老师研究提供依据。请同学们依据各自的实际情况如实填写。填表时不要讨论，本次调查无须填写班级和姓名。谢谢你的参加！

1. 你的学习情况在班级里属于（　　　）。

    ①优秀　　　　　②中等　　　　　③不太好

2. 你们班的合作小组是怎样分组的？（　　　）

    ①按座位分组　　②按学习成绩分组　　③不清楚

3. 你们班学习合作小组成员有明确的责任分工吗？（　　　）

    ①有　　　　　　②没有　　　　　　③不清楚

4. 在进行小组合作学习之前，你对所要讨论的内容（　　　）。

    ①很明确　　　　②有些明确　　　　③不太明确

5. 在小组合作学习的过程中，你经常发表自己的观点吗？（　　　）

    ①经常　　　　　②偶尔　　　　　　③几乎都是听别人讲

6. 在进行小组合作之前，你们有自己独立思考的时间吗？（　　　）

    ①老师提出问题就讨论

    ②先独立思考再讨论　　　　　　　　③两者兼有

7. 你们班课上小组合作学习的时间大约在（　　　）。

    ①3分钟左右　　②5分钟左右　　③10分钟左右　　④更多

8. 在小组合作学习过程中，当不理解、不明白、有疑问时，你们会（　　　）。

①能大胆提出　　　②不敢说出　　　　③提出不同意见与同学讨论

9．在小组合作学习过程中，老师一般（　　　）。

①站在一边看　　②参与某些小组的讨论　　③不清楚

10．你喜欢小组之间进行竞争吗？（　　）如果喜欢，你的理由是（　　　）。

①很喜欢　　　　②不喜欢　　　　　③无所谓

通过对回收问卷逐项统计以及与有关师生的座谈，可以看到当前小组合作学习存在的突出问题是没有以合作意识的培养为根本，使合作仅仅流于形式。主要表现为：

（1）小组合作学习成了少数尖子学生表演的舞台，使得个别学生成为教师的代言人，许多学生采取旁观的态度，缺少积极参与的意识，思维能力、表达能力、质疑能力等得不到锻炼，合作意识和合作能力得不到培养。问卷第5题"在小组合作学习的过程中，你经常发表自己的观点吗？"回答"经常"的占29.8%，回答"偶尔"的占58.3%，回答"几乎都是听别人讲"的占11.9%。其中选择后两个答案的都是自认为学习中等或不太好的学生。

（2）在组织学生进行小组讨论时，多数学生表达完自己的意见就算结束，而对于小组其他成员的意见常常不置可否，因而讨论无法深化。问卷第8题学生在不理解、不明白、有疑问时，能大胆提出的占48.3%，不敢说出的占22.4%，敢于提出不同意见与同学和老师争论的占29.3%。通过对调查问卷以及谈话的反馈分析，可以看到，造成以上问题的主要原因如下：

① 教师对合作学习的认识不够明确。笔者通过与教师的交谈发现，许多教师在教学指导思想上仅仅把小组合作学习看作一种教学研究的手段或方法，而它真正的意义却是培养学生充分的合作精神和合作能力。

② 合作小组没有明确的职责分工，容易造成合作讨论时成员只是发表自己的意见，对讨论过程中的结论、问题等缺少记录、比较、分析，因而导致讨论难以深入。从"你们班学习合作小组成员有明确的分工吗？"这一问题统计的结果来看，91.3%以上的学生认为没有，7.7%的学生不清楚，认为有的学生为1%。

③ 小组合作之前缺少让学生独立思考的过程。有68.4%的学生选择教师提

出问题就讨论，23.5%的学生选择在独立思考后讨论，8.1%的学生选择两者兼有。在学生对问题还没有形成独立见解之前就急于展开讨论、研究，由于学生的思维没有完全打开，容易被他人同化，造成合作时"人云亦云"的现象，致使对问题的研究讨论不能深入。

④ 小组合作时没有给学生充裕的时间，急于完成预设的教学内容，造成合作时虎头蛇尾，学生无法从容进行实验、探索、讨论，草草收场。

⑤ 小组合作的内容没有太大的探讨价值，容易造成"摆样子""走过场"的现象。

⑥ 忽略教师的主导作用。由于过分强调学生"学"的意义，教师常常只成为事后的评论员，而不能积极参与并导向学生"学"的全过程，以至教学活动出现秩序混乱现象，反而降低了课堂教学的效果。

（二）研究的意义

《义务教育数学课程标准（2011年版）》明确提出了"倡导体验、实践、参与、合作与交流的学习方式"。小组合作学习改变了以往的师生关系，更新了学生的学习方式，调动了学生学习数学的积极性，培养了学生的参与意识和合作能力。以教师为主导，学生为主体，在数学教学课堂中，对知识点进行分解，细化小组合作的具体要求，并且明确个人的分工和具体做法，可以更有效地引导学生去发现，在学生自主发现的要求下，促使教师去启发学生归纳总结。师生通过密切配合，可以在和谐、愉快的情境中实现教与学的共鸣，进而形成一种新的教学双边关系，使得课堂教学两个最重要的因素的作用得到和谐而充分的发挥。

（三）研究的过程

1. 第一阶段：准备阶段

在宣传动员阶段，我们采用问卷调查、个别谈话、论坛讨论等多种方法，了解学生的知识基础、学习需求、喜欢的学习方法以及学习的情感态度等多方面的情况。结果我们发现，几乎所有的学生都喜欢小组合作的学习方式，有75%左右的学生愿意在合作中承担部分任务，也有8%的学生愿意处于听众的地位。学生提出每周最好可以开展3次小组合作学习。这些数据更加坚定了我们把这个科研课题搞下去的决心。接下来我们组织课题组的成员学习相关理论，大家利用课余时间查阅心理学、差异教学、合作学习等方面的理论文献和各种案例，利用每周的教研时间沟通交流。经过不断讨论甚至是争论，教师们的思想观念渐渐地统一了，对小组合作学习也有了一个比较客观和理性的看法。

2. 第二阶段：研究阶段

课题组成员分别按照各自设定的小组合作模式开展研究，先对学生进行合理分组，试着运行，然后调查学生对这种教学模式的感受及这种教学模式的不足之处等。我们对学生的调查进行分析，有针对性地改进我们的教学方法，每个月召开一次专题会议，大家在教研例会上把各自收集到的信息汇总到一起，进行分析、归纳、整理，从而得到这一阶段我们实验的真实情况和效果。针对一些存在的问题，我们及时地进行调整，通过不断更正、调整，逐渐摸索出小组合作学习的以下规律。

（1）科学合理分组，使学生"可合作"。

把学生按三四个人一组分成若干个组，最佳方案是好、中、差都有，男女搭配均匀，性格互补，成绩好、能力强的学生做组长，若没有能力较强的组长，可以把三个实力接近的组员并成一个组，小组分为主导式和民主式两种，各有千秋。当然也可以把若干个小组分为2~3个大组，这样便于量化比较。每个学生根据实力都定一个目标分，一般目标分要略低于实力分。例如，一个学生的实力是20分，那么就将他的目标分定为18分，这样他就不会以及格为目标，如果他考了28分，那么就为小组贡献10分；如果组长的目标分为90分，他考了85分，则组长就负贡献5分，这样组员觉得比组长表现得好，他们对学习就会更有信心，而组长也会更加努力。一般来讲，组长很快就会找到加分的重要途径，那就是最差的组员最有潜力，他距100分还有82分的空间，虽说未必能加满82分，但只要盯住组员，积极辅导，加分的希望还是挺大的。所以，最后的结果是全体成员都在努力，这样连最差的学生都会积极学习，小组合作肯定就走向了良性循环。

当然学生定的目标分不能一成不变，小组合作进行一段时间后，教师要把不怎么合理的分数调整过来。

（2）优化评价机制，使学生"想合作"。

及时评价、反馈、激励表彰是小组合作得以持久推进的重要保障。因为学生渴望得到承认，这是他们学习动力的添加剂。但是具体要怎样操作呢？我们不妨进行以下尝试：每次测验后前6名写上"恭喜你们冠军""恭喜你们亚军"直到"恭喜你们第6"，学生对这6个字非常在意，会分析是谁拉低了分数。教师在期中或期末可以为前六名小组的18位学生发放奖状和奖品，奖品不必买贵的，但必须是学生很有新鲜感的、有兴趣的。这样上来领奖的学生中肯定有6位成绩相对较低的，我们以这种方式激励他们，使他们下次更加努力。

（3）设计合作内容，使学生"能合作"。

教师在设计小组合作的学习内容时要注意它的可操作性和实效性。课堂教学是小组合作学习的主要阵地，但在课堂教学中不能盲目地进行小组合作学习。教师在备课时应该仔细考虑什么样的问题值得在课堂上以小组合作的形式来进行讨论。此外，教师留的课后作业和阶段测试的习题都可以设计成小组合作学习的内容。

（4）培养合作技能，使学生"会合作"。

为了调动小组内每个成员的积极性，教师必须培养组长和组员的合作技能。教师先要培养组长的责任心和后进组员的上进心，要把成绩好的学生和成绩差的学生紧密地联系起来，建立起一荣俱荣、一损俱损的关系。让学优生带动学困生，让学困生抛弃自卑感，建立自信心，拥有成就感。组长要对组员负责，学优生要对学困生负责。小组的整体是对比竞争的基本单位，这个时候，小组成员就有了共同的奋斗目标，他们的合作也会有较高的效率。

3. 第三阶段：反思阶段

反思阶段是指反思第二阶段探究实施的情况，从定性和定量角度分析小学数学课堂教学中小组合作学习的情况，从收获与困惑两个维度梳理策略的可行性与科学性，并针对问题进一步修改操作方案，进入下一阶段的实施工作。

（四）研究的收获

1. 初步的实践成果

教师在能够初步筛选适合合作学习的内容后，要做到结合教材确定合作学习的内容，既要注意具有一定的基础性，又要具有不同的层次性，提出的问题要能够引起全体学生的主要思考，使绝大部分学生都有思考的余地和空间。教师在初步组织学生开展小组合作学习后，要在活动中发挥好自身的主导作用，充分体现学生的主体地位，使每个学生在小组合作学习中都有所收获。

2. 学生在研究中养成的一些合作学习的基本能力

（1）学会收集。

合作学习的课题有一定难度，有时需要收集一些资料或材料，如千克和克的认识，就需要学生收集同一种物品的各种包装重量，或许多不同物品的重量。

（2）学会表达。

语言表达是人与人交往和互动的基础，也是衡量个人实际能力的重要指标。合作学习需要每个成员清楚地表达自己的想法，互相了解对方的观点，在此基础上才能合作探究问题。

（3）学会讨论。

讨论是合作解决问题的关键，每个成员表达了自己的想法后，可能有不一致之处，这就需要讨论，攻克难点，形成解决方案。

（4）学会倾听。

倾听是合作学习的重要环节，倾听也是一种学习。学生要学会倾听教师的提问、同学的发言；要倾听操作要点，也要倾听小组分工要求；要倾听表扬之词，也要听得进批评之言，从而提高合作学习的效率。

（五）存在的一些问题及对策

随着研究的深入开展，我们也遇到了不少困惑。

1. 顾了知识水平，失了技能与情感

教师常常为了解决一个比较难的问题，而让学生合作学习，认为小组合作学习就是通过解决学习中的某些问题促进学生认知的发展。这样的合作，只是为了让学生掌握知识，是一种为达成目标而采取的策略。

2. 顾了合作学习，失了独立思考

我们也发现，当要求学生独立解决问题时，有的学生无从下手，等待着合作交流。为何有这种现象的呢？因为小组进行合作交流学习的时候，大多是那些思维敏捷、反应快的学生主导着交流的过程，能力稍差的学生则人云亦云，没有自己的思考，久而久之这些学生就养成了一种惰性，等着别人给他提示和启发，或者干脆等别人说出答案。

3. 顾了个人评价，失了小组评价

开展合作学习后常要以小组为单位进行全班性的汇报交流，但小组代表一站起来发言就是"我认为……""我觉得……""以我之见……"，往往不是代表本组意见，而是代表个人意见。教师对小组汇报的评价也常常是"你说得真好！""你的见解真不错"。显然，学生不正确的发言方式是由教师不科学的评价造成的，甚至还会影响学生的积极性。

4. 对策

（1）加强学习，增强教师科研意识。加强教育科研理论和科研方法的学习，以精深的专业知识引领课题研究。

（2）立足课堂，抓好科研常规活动。进一步加强对小组合作学习方式的倡导和研究，在实际操作中着重研究小组合作学习的时机和内容以及评价方式，不断开展教育教学反思，把研究落到实处，争取取得更多的研究成果。

（3）扎实有效，实施规范化的课题管理。加强课题过程管理，深入研究，不断完善方案，并注重研究资料的积累。

（六）总结与反思

在日常教学实验、研究的基础上，围绕研究我们组织了第二次实验的学生情况调查活动。这次我们进行中期问卷调查活动，是在前期研究的基础上，修改了前期的问卷调查表，保留沿用了前期的某些问卷调查表的内容。我们抽出40人参与了调查，根据反馈回来的信息，情况如下：

小组合作学习情况中期调查问卷

1. 你们班的小组合作学习，教师提出问题后什么时间讨论？

  A. 老师提出问题后就讨论（15.5%）

  B. 独立思考后讨论（11.2%）

C. 两者兼有（70.3%）

2. 你喜欢小组合作吗？

    A. 喜欢（89.1%）   B. 一般（10.9%）   C. 不喜欢（0）

3. 你在小组合作学习过程中发表自己的观点吗？

    A. 经常（85.4%）   B. 偶尔（14.6%）   C. 几乎不（0）

4. 在小组合作学习中，如果对某个问题有争论，你会怎么做？

    A. 听优秀同学的（26.7%）

    B. 记录下来全班讨论（70.3%）

    C. 不了了之（0）

5. 你班对小组合作学习中探讨的问题一般怎么处理？

    A. 全班交流评价（87.9%）

    B. 偶尔交流评价（12.1%）

    C. 就此结束（0）

6. 你班对学生小组合作学习表现情况有评价吗？

    A. 每次都有（76.5%）   B. 有时有（23.5%）   C. 没有（0）

7. 你认为每次小组合作学习讨论的问题价值如何？

    A. 有价值（88.9%）   B. 有时有（11.1%）   C. 值得讨论（0）

8. 你能把合作精神运用到生活中去解决问题吗？

    A. 能（79.3%）   B. 一般（20.7%）   C. 不能（0）

9. 小组合作学习方式对你的数学成绩有提高吗？

    A. 有（86.14%）   B. 一般有提高（13.7%）   C. 没有（0.16%）

10. 你对小组合作学习这种形式感兴趣吗？

    A. 感兴趣（98.9%）   C. 有时感兴趣（1.1%）   C. 没有兴趣（0）

通过中期调查和前期调查数据的对比，我们发现经过一年来的实验研究，学生们有了如下改变和提高：

（1）通过在小学数学课堂教学中对自主、合作学习方式的运用，学生与他人合作的意识增强，愿意与他人合作的学生比例在中期的基础上继续增加。

（2）学生越来越会合作学习了，合理分工、主动发表自己观点的人数逐渐增加。

（3）认为合作学习有助于新知学习的学生比例在上升，说明自主、合作的学习方式，有助于新知的掌握，有助于课堂听课效率的提高。

（4）在合作学习过程中遇到某个问题不清楚时，能够记录下来全班讨论的人数越来越多，选择听优秀学生观点的比例在下降，说明学生自主学习的意识增强，学习知识不盲从的心态也开始露出萌芽。可见，通过实验，学生的自主精神逐步被培养起来，学习中独立思考、有自己独立见解的学生也开始形成一个群体。

通过数据的对比，我们也发现了一些问题，以及下一阶段课题研究的主要方向。

（1）在课堂教学中虽然喜欢通过小组讨论解决问题的学生人数和自己解决问题的学生人数均在上升，但上升幅度不大，说明在小组交流的过程中学生的表述能力、逻辑能力不够强，需要我们在方法上进行有针对性的、具体的指导。在学生汇报时，教师要给予及时、准确的评价。适时的点拨有利于学生逻辑思维能力和数学语言表达能力的提高。另外要鼓励学生敢于向难题挑战，相信自己，鼓励学生独立思考，提高学生的思维能力。

（2）在小组合作学习中经常发表自己观点的学生没有达到50%，如何才能调动每一个学生的积极性，让他们都有机会并敢于发表自己的见解，更好地提高全体学生学习的成效值得我们反思。

第三节　综合实践活动课堂教学：学生高阶思维的锻炼

一、高阶思维

在人类社会进入21世纪之后，我国新一轮课程改革把培养学生创新精神和实践能力列为重要目标，这是应对科技进步日新月异、国际竞争日趋激烈的挑战的需要，也是回应"钱学森之问"的重大举措。当今世界的综合国力竞争，说到底是人才竞争，人才培养的基础在教育，源源不断的人才资源是我国在激烈的国际竞争中的重要潜在力量和后发优势。创新精神是各类人才必须具备的基本素质，高阶思维则是创新精神的内核。正是基于高阶思维对人才成长的重要作用，我们对小学生高阶思维培养的有效策略进行了探索。

（一）高阶思维的内涵和特点

1. 高阶思维的内涵

高阶思维，又称高层次思维，或称高级思维，目前国际上还没有公认一致的定义。我国学者钟志贤认为："所谓高阶思维，是发生在较高认知水平层次上的心智活动或较高层次的认知能力。它在教学目标分类中表现为较高认知水平层次的能力，如分析、综合、评价。"布卢姆的教育目标分类理论把人的认知思维过程从低级到高级分为6个层次（知识、理解、运用、分析、综合和评价）。后来，安德森等人在布卢姆的基础上，将认知过程从低到高分为6个水平：记忆、理解、运用、分析、评价、创造。

通常认为，高阶思维在教学目标分类中表现为分析、综合、评价和创造，它超越了简单的记忆和信息检索，是一种以高层次认知水平为主的综合性能力。它关注学生系列能力的发展，如批判性的评价信息、自主学习（自我调节学习）、问题解决能力、创造性思维能力、批判性思维能力、信息素养、协作能力。因此，高阶思维能力集中体现了知识时代对人才素质提出的新要求，是适应知识时代发展的关键能力。

2. 高阶思维的特点

目前取得共识的有关高阶思维的界定，包含"迷思概念"、意义追寻、应用层次、对话省思等维度。从这些界定中可以看出高阶思维有以下几个特点：

（1）迷思性。

"迷思"是指学习者在学习过程中由于已有的知识基础或知识经验与新知识相冲突而产生的错误。这些错误具有重要的价值，它能暴露学生的思维。学生转化"迷思概念"的过程就是高阶思维的过程。

（2）能动性。

人在知识的获取中具有绝对的主导权，不能被动地吸取知识，而应让知识为自己服务。高阶思维的发生源自学习者对意义的追求。学习者试图解决我们已经知道的与我们感知到的情境之间的不协调，这种不协调引发了疑惑、不安、混乱、期待、好奇。

（3）深层性。

高阶思维与低阶思维关键的区别在于，低阶思维发生在一个人已经知道如何做的情况下，及所要完成的任务或题目仅需要存取、注入或列举已经到手的或很容易获取的信息与概念；而高阶思维强调，个人以一种对于自身而言属于新奇的方式来利用信息和概念去解决一个难题或完成一项任务。

（4）反省性。

高阶思维需要在真实的情境中通过社会性的协商与互动解决问题，促进自我调节和省思，学习情境中的对话或交流在学习者内化观念和知识的过程中起着重要的作用。当学习者必须相互解释观点时，其需要对自己的理解结果进行再组织，这种导致认知变化的共同建构活动是高阶思维过程发展的关键。

（二）研究高阶思维的意义和价值

高层次思维能力是思维科学走向实践应用层面的重要体现，这也说明研究高阶思维不仅具有理论价值，而且具有实践意义。

1. 培养学生高阶思维是培育学生创新素养的需要

当今发达国家和地区都把发展学生高阶思维列为教学改革的重要目标。我国新一轮课程改革发出了培养学生具有创新精神和实践能力的召唤，高阶思维能力是创新精神的内核。高阶思维能力集中体现了知识时代对人才素质提出的新要求，是适应知识时代发展的关键能力。为了适应时代对人才的要求，必须加强培养学生高阶思维能力，为创新人才奠基。

2. 培养学生高阶思维是促进每一位学生学会学习、健康成长的需要

"学源于思，思起于疑。"思维是认知主体对客观事物间接和概括的反映，贯串学生的学习过程，高阶思维是学生善于学习、解决问题的重要条件。要实现轻负担、高质量的目标，就必须从启发学生思维入手，使学生具有高层次思维能力，善于提出问题、分析问题、解决问题，从学会、会学到乐学。

3. 培养学生高阶思维是深化课堂教学改革的需要

著名教育家陶行知曾说："我以为好的先生不是教书，不是教学生，乃是教学生学。"但受传统教育思想影响，"以教为中心"的现象仍然存在，这就势必影响学生的发展。学生的"大脑不是一个要被填满的容器，而是一支需被点燃的火把"。《学会生存——教育世界的今天和明天》中指出："教师的职责现在已经越来越少地传递知识，而是越来越多地激励思考；除了他的正式职责之外，他将越来越成为一位顾问，一位交换意见的参加者，一位帮助发现矛盾论点而不是拿出现成真理的人。"开展培养学生高层次思维能力的实践研究，有助于进一步改革课堂教学，实现课堂从"以教为中心"向"以学为中心"的转型，从"知识灌输"向"主动建构"转变，促进学生更有效、更有深度地学习。

二、小学数学高阶思维培养现状

学科核心素养培养已成为小学教育的抓手，抽象、推理、建模、想象、运算、分析等能力是小学数学学科核心素养的培养目标，而切实有效地培养学生数学核心素养，需要以高阶思维为支撑，引导学生在数学教学中形成知识技能体系以及数学思想。下面我们对小学数学高阶思维培养的现状进行分析，进而有针对性地采取相应的教学策略，就切实培养学生高阶思维谈几点拙见。

培养小学生的高阶思维，是引导学生在浅显的一般性思维的基础上更深入地思考，达到深度学习，扎实掌握所学习的知识。高阶思维能力培养是小学数学教学的发展目标，但从当前的小学数学教学总体来看，学生的高阶思维能力培养并不理想，部分教师的教学仍然采用"灌输式"教学方式开展，使得学生思维能力培养存在诸多不足：第一，学生对数学知识的理解处于表层，存在模糊，缺乏重点。教师为赶教学进度，未能给学生充分思考的时间，导致学生的数学知识结构不完善，在理解上存在模糊之处。尤其是对数学概念理解的不完善，导致学生学习其他知识思考不深，方向不正确，影响了学生高阶思维的养成。第二，传统"灌输式"教学模式使得课堂教学枯燥乏味，严重影响了学生思考问题的主动性。传统"灌输式"教学模式仍然存在于小学数学课堂教学中，虽表面提高了教学效率，但学生只是死记硬背，并未主动进行思考，不利于学生数学高阶思维能力培养。第三，教师浅尝辄止地引导学生思考问题，不利于学生深度思考。

三、小学数学教学中发展学生高阶思维的实践措施

高阶思维要求学生具备思考的深度，能够从多个角度分析问题，可以完成自我思维调节。要扎实促进学生高阶思维的有效发展，教师应从小学生思维发展的实际出发，通过优化学生的思考模式，促进数学知识由抽象化为直观、由静止化为灵动、由虚化为实，从而切实促进学生的思维更加深入而全面。

（一）简化教学内容，帮助学生提升思维品质

小学生思维受限较多，教师应有侧重地帮助学生突破思维的禁锢，提升

思维品质。要促进学生的思维向高阶思维发展，教学中教师首先应当推动思维的可视化，将隐含着的数学问题化为明显、可直观掌握的知识。化隐为显在教学中包括两层含义：第一，将抽象的数学思维具体化，使得学生可以直观地对思考过程进行认识，推动自身思维的发展；第二，将抽象的数学知识直观化展示，在实际教学中，教师可以采取多种教学方式对数学知识进行展示，提升知识的直观性，助力学生对抽象知识的深入理解。在实际教学中，教师在数学知识教学之外，也要对数学思考方式进行教学。教师要正确认识各个知识点在探索中使用的思维方式，将其作为数学教学中的重点，推动学生思维的发展。

例如，教学"角的初步认识"一课时，传统的教学方式是教师借助课堂活动形式来引入课程内容。课前，教师安排学生在生活中寻找具有角的物体，将其作为课堂教学工具，通过对其结构进行分析来研究角的特征。之后，教师结合课程的内容，引导学生自主地研究角的性质，了解角的组成部分，完成教学过程。这种教学方式虽然有助于帮助学生掌握课堂知识，但是对学生数学思维的发展造成了负面影响，学生难以全面认识角的性质以及产生过程，不利于高阶思维的养成。在核心素养理念的指引下，要有效培养学生的高阶思维，教师应侧重引导学生对实际图形进行感知体验，通过"仔细看一看""认真摸一摸"引导学生对具体实物角的特征进行观察和感知，如向学生展示正方体，待学生具体认识和体验"立体角"后，教师可以引导学生对平面图形正方形的组成部分进行结构感知，以此来帮助学生深入认识理解"平面角"。这个过程不仅提升了学生对角的结构的认识质量，也对学生的数学理解思维进行了培养，帮助学生形成了角、平面图形、立体图形之间关系的正确认知。这种教学模式使抽象的数学概念直观化，有助于培养学生养成完善的数学思维，并构建完善的数学知识结构。

（二）动态呈现教学内容，促进学生思维活跃

动态地呈现课堂教学内容，有利于学生更加活跃地探究思考。在课堂教学中，教师应将教学内容化静为动，推动学生数学思维的动态化，促进学生的思维质量有效提升。例如，教学"多边形的面积计算"一课时，教师可以使用多媒体来对梯形形状变化过程进行展示，并引导学生思考在这个变化过程中，虽然上底和下底变化，但高是保持恒定的量。经过思考和观察，学生可以发现在梯形形状变化过程中梯形的上下底和高保持不变，学生的思维向更高阶发展，深刻认识到梯形面积取决于梯形上下底和高，这就使得学生掌握了课堂的教学重点。同时，教师可以对梯形的底进行改变，并要求学生观察改变过程。当上底变为点时，学生可以发现梯形变化为了三角形，之后教师可以引导学生思考梯形还会变成哪些平面图形。在思考过程中，学生可以以动态的思维认识不同的平面图形之间的关系，并完成对面积公式的深入掌握，从而完善自身的数学知识结构。在动态化的思考中，学生可以更为全面地掌握数学知识，形成主动思考的好习惯，并构建完整的数学知识结构，促进高阶思维的形成。

（三）归类教学内容，强化学生的数学思维

小学生对于繁杂的数学知识，往往不懂得归纳总结，其所掌握的知识多是凌乱的，同时，小学生也不能很好地用"数学化"的思维解答数学问题，这样的学习对学生形成完善有序的数学知识脉络造成阻碍，也不利于学生从数学的角度正确解答数学问题。因此，教师要有侧重地培养学生每学习一部分知识就进行归纳总结的良好习惯，强化学生的数学思维，使之更加清晰、有条理，同时要让学生"数学地"看待问题，从而养成良好的"数学化"思维。在教学中，教师要引导学生深刻地认识到具备"数学化"思维的重要性，这个特质要求学生"数学地"看待问题，用数学的眼光来解决数学问题，即在处理问题的过程中使用数学的方法。例如，教学"面积计算方式"时，教师可以引导学生计算不规则图形的面积，在这个过程中，可以引导学生对抽象的不规则图形进行分解划分，形成具体的规则图形，从而较好地培养学生形成分割思想以及测量分析思想，提高学生在实践解答数学问题时运用这一数学思想解答更复杂问题的能力，通过引导学生归纳总结树立数学思想，促进其"数学地"看待问题，从而有效助力学生的高阶思维能力发展。

综上所述，小学数学教学要高度重视对学生高阶思维能力的培养，有效促进学生深度探究学习，进而为有效培养学生的数学学科核心素养提供强有力的支撑。在实践教学中，教师要结合小学生的认知水平和思维发展特点，以培养

学科核心素养为指引,精心设计课堂教学,通过简化、动态呈现、归类等教学策略,使数学概念、图形、公式等数学难点、重点知识变得更加具体、直观、结构浅显,进而更易于学生理解和内化,锻炼学生的思维向进一步的深度和广度、严密和深刻发展,确保学生的高阶思维能力培养取得实效。

第四节　多方互动式课堂教学：
学生自主学习能力的提高

一、案例描述

自2012年实施人教版新教材以来，各级教研活动组织了多场培训，对新一套教材进行了较深入的解读。与实验教材对比，新教材更强调教材作为教学工具的导学功能，这样就为我们改进课堂教学方式提供了较好的基础。在小学数学六年级上册"扇形统计图"（图3-3）的新知识呈现设计中此点尤为突出，见表3-1。

表3-1　两版教材对扇形统计图新知识学习内容编排的对比（表格来源：作者提供）

对比项	新版教材	实验版教材
新知的引入	经历统计表的百分比计算，再从需求中引入扇形统计图	出示条形统计图及其特点，再直接用扇形统计图的特征进行比较，引入新知
新知的呈现	只给出扇形统计图中乒乓球的百分比作为样板，其他各部分的百分比让学生自己计算填空	直接给出扇形统计图各部分的百分比
新知识的导学	上图中的整个圆表示什么？各个扇形的大小与什么有关系？	直接告知：在这个扇形统计图中，用整个圆表示全班学生的人数
新知探索的深化	问题引导：用这样的统计图有什么好处？	直接告知扇形统计图与条形统计图的区别：如果要更清楚地了解各部分数量同总数之间的关系，可以用扇形统计图表示

续 表

对比项	新版教材	实验版教材
后续的学习	三种统计图的对比教学，体会不同统计图的优点	安排一道练习题，让学生在练习中比对三种统计图的不同特点
教材编排意图	让学生尽可能地经历扇形统计图的形成过程，引导学生加深对扇形统计图各部分数量与总数之间的关系等的理解	直接告知扇形统计图的特征和作用，只要求学生会看扇形统计图和进行初步的分析

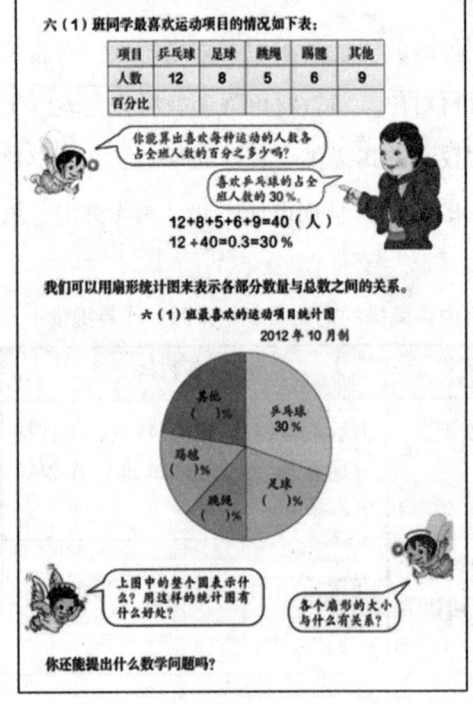
新版教材

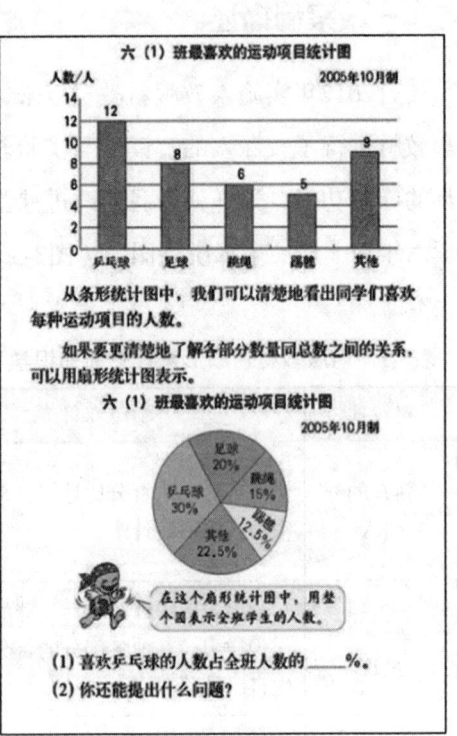
实验版教材

图3-3 小学数学六年级上册"扇形统计图"（图片来源：作者提供）

从表3-1中可以看出，新版教材在编写意图上，更注重展示出教材对学生的导学功能。因此，笔者把本课教学过程定为生本—生生—师生—生机四步互动模式来进行。

（一）第一步：生本互动，学会看书

学生自学课本96~97页的内容，自学提纲如下：

（1）扇形统计图是一个什么图形？

（2）扇形统计图中的数据都是些什么数？

（3）完成96页统计表的计算，并在97页扇形统计图中的空白部分填上正确的数据。

（4）回答97页扇形统计图后面的问题。

设计意图与教学实录：

（1）充分发挥教材编写的导学功能，通过设计相应的提纲指导学生进行生本互动，学会阅读教本。在自学的过程中，大多数学生能独立正确计算相应的百分比，并填空，部分学生甚至能画出重点语句及概念，准确回答问题。

（2）给予学生自主学习的空间与时间，使其在实践中发展能力。

（二）第二步：生生互动，寻求正确答案

学生需根据自学所得进行小组讨论，互相对照答案说理由，寻求正确答案。

设计意图与教学实录：

（1）在自学的基础上进行组内互动，确保互动的准确性和有效性。从教师巡视的情况来看，学生的讨论着重于计算是否准确、填空是否正确两点，但对于扇形统计图是一个什么图形这个问题则没有争议。

（2）通过组内互动，让学生有自我审视与整理的时间，同时也让组内的一些学困生得到了较好的面对面辅导。

（三）第三步：师生互动，解决疑难

全班集体汇报，在学生汇报的基础上，教师对部分重难点进行质疑，引导学生深入学习。

设计意图与教学实录：

（1）在学生自学与组内互动的基础上，教师利用全班汇报的时机，通过质疑、追问的方式，渐进地呈现新知与引导学生深入探究。

（2）在培养学生自主学习能力的过程中，教师要摆正自己的地位，当学生的引导者和助学者。

（3）通过引导性的小结，对学生给予及时的赞赏和肯定，促进他们养成爱思考、主动思考、会思考的良好学习习惯。

下面我们来看一些相关的教学片段。

片段一：

教师：图3-3中的整个圆表示什么？

学生：表示全班人数。

教师：请看这个30%，这里把谁看作单位"1"，能请你解释一下它的含义吗？

学生：这里把全班人数看作单位"1"，最喜欢打乒乓球的同学人数占全班人数的30%。

片段二：

把各扇形的百分比填空完成后，追问：

教师：各个扇形的大小跟什么有关系？

（小声议论后）

学生：跟喜欢运动的人数有关。

学生：跟最喜欢各种运动的人数占总数的百分数有关。

教师：请你说说什么是扇形统计图。

学生：扇形统计图是一个圆形，里面有很多扇形。

学生：扇形统计图表示各部分数量与总数之间的关系。

学生：我觉得他们说的不完整，应该是用一个圆形表示总数，用圆内的扇形表示各部分数量占总数的百分比。

（部分学生自觉鼓掌）

教师：嗯？掌声是不是表示大家觉得他总结得好呢？好在哪里？

学生：我觉得他总结得很完整。

教师补充：也很清晰，是吗？

学生齐声：同意。

教师：太好了，同学们的思考能力都非常棒，而且能深入思考问题，我也同意大家的意见。（在黑板上板书扇形的概念）

（四）第四步：生机互动，对比中体会

为了更好地展示扇形统计图的特点，笔者运用电子表格的交互功能，制作了针对本班学生情况的《六（3）班学生最喜欢运动项目统计表》，请学生代表现场统计本班学生的爱好，现场输入数据，马上生成扇形统计图，同时又把自动生成的条形统计图和折线统计图与之进行对比，让学生较综合地感受扇形统计图的特点，以及不同统计图的不同之处。

设计意图与教学实录：

（1）让学生经历扇形统计图的统计、整理、制作过程，培养学生的统计思想。

（2）让学生通过几种不同统计图间的对比与比较，体会扇形统计图的特点与不同之处。

（3）充分运用电化教学的优势，培养学生认识电化手段的实用价值。学生的表现极为活跃。

二、案例反思

（一）生本互动中学会阅读，掌握自主学习的重要技能

数学教育家斯托利亚尔认为："数学教学也就是数学语言的教学。"而语言的学习离不开阅读。数学知识逻辑性较强，同时还需要一定的阅读能力，因此，小学生在学习的过程中，普遍会表现出唯兴趣性以及他主性。越是低年段的学生就越是对教师的教学存在依赖，而小学高年段的学生随着心理年龄与基础知识的渐长、自我意识的增强，已经具备了一定的自主学习基础。这时，教师对学习方法的教学与指导就显得尤为重要。而其中，教本的阅读技能则是学生能自主学习的第一个重要技能。

在本课教学中，教师通过设计问题引导学生进行教本的阅读，再充分利用教材中的几个问题，把学生的学习引向深入，可以较好地培养学生重视数学学习中的教本阅读，使学生养成边读边思考的良好学习习惯。

（二）生生互动中学会自我改进，掌握自主学习的提升技能

没有独立思考的讨论是空洞的，而目标不明确的讨论也会变成无目的性

的讨论。在自主学习的基础上，组织学生进行小组内的讨论，而教师则对之进行督促与引导。在本课的讨论中，学生们校对答案、修改错误，经常出现恍然大悟的现象，部分学困生也得到了同组其他同学的辅导，有了不小的提升。

（三）师生互动中学会自我完善，体验数学语言的简洁严整之美

数学语言是一种简洁严整的语言。在概念教学的过程中，教师应该重视数学语言的教学，让学生体验这种简洁严整之美。在本课的师生互动中，教师根据学生的反馈，适时地提出问题，引导学生不断自我完善，总结出较完整的扇形统计图概念，充分展示了学生的学习主体作用与教师的引导者作用。过程中学生们主动鼓掌，充分说明了学生们对数学的语言之美的亲身感受。

（四）生机互动中经历统计的过程，培养学生的统计思想

本册教材的教师用书中提道："本单元主要包括让学生认识扇形统计图，通过熟悉的事例体会扇形统计图的特点和作用……选择合适的统计图进行数据描述。"教学时只要求会看、会用数据而无须会制作扇形统计图。于是我通过运用Excel电子表格的交互功能，制作了《六（3）班学生最喜欢运动项目统计表》（图3-4），让学生经历扇形统计图的数据统计、分析与计算的过程，然后展示自动生成的扇形统计图、条形统计图以及折线统计图，并对三种统计图进行初步的比较。这样既培养学生形成良好的统计习惯，也通过对不同统计图之间的比较，使学生对小学阶段所学的三种统计图有一个整体的感知，帮助学生完成知识的构建。

信息化时代的知识量爆炸式增长，必然导致我们无法靠记忆去掌握知识，我们将一生都处在一种学习状态，会学习、自主地学习也必然成为新一代最重要的技能与品质。所以，我们的教学，首要的重点应该是培养学生的学习能力与学习主动性，让学生永远保持强劲的竞争力。

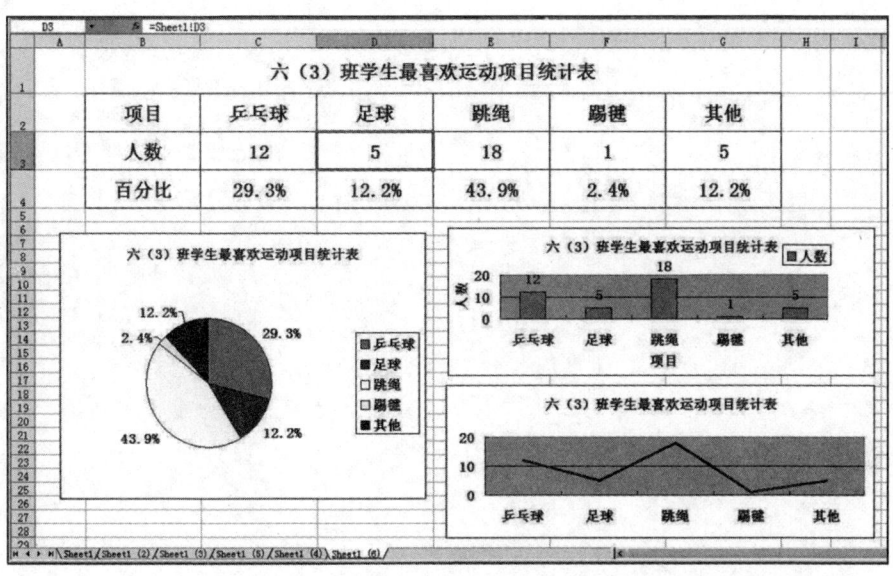

图3-4 六（3）班学生最喜欢运动项目统计表（图片来源：作者提供）

第四章
有效互动课堂研讨
——提升教师教学技能

第一节　教师数学教学设计技能提升

一、教学设计的含义和基本特征

小学数学教学设计是一门科学，也是一门艺术。它需要遵循数学教学、数学学习以及数学学科本身的基本规律。教师对数学教学的基本含义、本质特点的深入理解，有助于其树立正确的教学观、学生观和教师观，是小学数学教学设计的认识基础；教师对小学生数学学习的特点、认知发展规律以及学习方式的系统学习，有助于其形成正确的学习观，是小学数学教学设计的认知起点；教师对小学数学学科的本质特点与教育价值的正确把握，有助于其树立正确的数学观，是小学数学教学设计的逻辑起点。教师对小学数学教学设计的基本特征、基本要求、基本过程的理解与掌握，直接影响其教学设计的质量。

（一）小学数学教学设计的含义

什么是教学设计？教学设计，亦称教学系统设计，是运用现代学习与教育心理学、传播学、教学媒体论等相关的理论与技术，来分析教学中的问题和需要，设计解决方法、试行解决方法、评价试行结果，并在评价基础上改进设计的一个系统过程。它既具有设计的一般性质，又必须遵循教学的规律。教学设计的概念根据着眼点不同而具有不同的层次。广义的教学设计把教学看作一个复杂的系统工程，这个系统工程旨在实现国家对人才的培养目的，从整体到部分，筹划、综合各种有效的思想、方法、途径、手段和方式，从而为系统的高效运转提供一系列的科学决策方案。

数学教学设计，从字面上可以理解为带有数学课程特点的教学设计。顾名思义，它不仅具备教学设计的概念，同时还具有数学的特点。众多数学工作者都对数学教学设计进行了定义。奚定华认为："数学教学设计是以数学学习论、数学教学论等理论为基础，运用系统方法分析数学教学问题，确定数学教学目标，设计解决数学教学问题的策略方案、试行方案、评价试行结果和修改方案的过程。"曹一鸣博士从数学课程标准的角度来定义，他认为，数学教学设计，就是针对数学学科特点，体现教学内容和学生的实际情况，遵循数学教学与学习的基本理论和基本规律，按照课程标准的要求，运用系统的观点和方法整合课程资源、制订教学活动的基本方案，并对设计的初步方案进行必要的反思、修改和完善。从众多的数学教学设计定义来看，数学教学设计是被视为一个整体的、系统的、动态的连续过程，目的是解决数学教学中的问题，开展和实施数学教学的基本方案的过程，基本包括确立目标、建立、试行、评价以及修改方案。

有四大要素影响小学数学教学设计，即教师、学生、教学目标和教学内容。教学活动是在"教"和"学"这两种基本行为中展开的，这两种行为有共同的目的指向——教学目标，而这两种行为的对象即数学教学内容。简单来看，只要使两种行为在数学内容固有的逻辑运行轨道上达到一致，教学活动就是有效的。教与学双方积极参与，沟通对话，交流互动活动，而数学的逻辑顺序、学生的认知发展顺序与数学教学流程也在这样的活动中得到适时的调整而最终趋于协调，教学的有效性就得到了保障。因此，我们认为小学数学教学设计是教师根据学生的认知发展水平和课程目标，依据教学内容及教育价值分析、学生及学习任务分析，来制定具体教学目标，选择适合学生的教学内容，设计教学过程各个环节的过程。

（二）小学数学教学设计的基本特征

1. 整体性

数学教学是一种教学，又具有数学的学科特点。我们可以从两方面理解整体性：一是教学是由多种教学要素组成的一个复杂系统；二是体现在数学概念及其反映的数学思想的一体性上，又体现在各部分内容的有机联系上。从教的角度说，把握好整体性，才能有准确的教学目标。从学的角度看，注重整体性才能了解知识的源头、发展和去向，才能掌握不同内容的联系性。教学设计则是对这些教学要素和数学本质的系统安排和组合。

2. 操作性

教学设计为教学理论与教学实践、教学内容与学生认知水平提供了现实的结合点。它可以有一定的理论要求，同时又是明确指向教学实践的；它可以有一定的数学教学内容逻辑要求，但又要符合学生的认知基础。这种操作性从本质上体现在数学教学活动中师生积极参与、交往互动的过程。设计的各个步骤必须有极强的可操作性，这是教师组织教学的可行依据。

3. 生成性

众所周知，传统教案设计强调预设与控制，教学过程往往是执行教案，完成教案中规定的任务（内容和流程）。然而，把"预设"转化为实际的教学活动过程中，师生双方的互动往往会"生成"一些新的教学资源，需要教师能够及时把握，适时调整预案。教师应该正确理解"预设"与"生成"的关系，教学设计的"预设"是指教师对教材的理解、钻研和再创造。理解和钻研教材时，教师要以课程标准目标为依据，把握好教材的编写意图和教学内容的教育价值，根据所教班级学生的实际情况，选择贴切的教学素材和教学流程。教学设计的"生成"是指教师要上好课，一方面要通过启发式的教授，帮助和引导学生明确所需思考和解决的问题，激发学生的学习欲望和兴趣；另一方面要仔细观察学生的各种反应和表现，耐心听取学生用各种方式表达的意见，特别是迅速发现和捕捉到学生的思维亮点。在这一过程中，教师要及时调整"预设"的流程和方案，甚至改变原有的设计，从而更加顺畅地实施教学过程，完成教学任务，实现教学目标。

教师在教学设计过程中，既要充分重视学生的主体地位，又要积极发挥自己的课堂主导作用，力求更好的教学效果。

二、小学数学有效互动教学设计的基本要求

（一）注重有效教学目标，生成互动数学问题

教学目标统帅着教学设计的整个过程，它既为选择教材内容、安排教学主题的顺序以及配置教学时间提供了依据，同时目标本身还是评价教学质量和效果的准则。教学目标在整个教学设计过程中处于核心地位，是教学设计的灵魂，教学设计中的其他要素都要围绕教学目标来展开。因此，教师在进行有效互动教学设计时，要注意将确立的有效互动教学目标分解成具体环节目标（可操作、可检测），要依据环节目标生成数学"可互动问题串"，通过数学"可互动问题串"构建一个或几个数学活动，让学生在参与数学活动的过程中达成教学目标。

（二）注重问题驱动，启迪数学思考

问题是数学的心脏，问题是创新的基础，问题也是实现有效互动的基本手段。我们学习数学不仅要解决别人的问题，更重要的是自己要提出问题。我们学习数学的定义、概念，要问为什么需要它，它与前面所学的什么有联系，它与实际生活有什么联系。在学习数学的技能、方法思想时，更需要深入发问，在回答中不断思考，不断理解，不断深入。在有效互动教学中，教师可以把"发现和提出问题，分析和解决问题"作为数学课程总体目标的表述内容，即使学生初步学会从数学的角度发现问题和提出问题，综合运用数学知识解决简单的实际问题，增强其应用意识，提高其实践能力。注重问题驱动体现了数学问题在小学数学教学设计中的启发性和互动性，强调教师要从教学和认知的角度激发学生的探究热情和认知冲突，启发学生从数学的角度去思考问题，使其发现其中所存在的数学现象并运用数学的知识与方法去解决问题，帮助学生主动、高效地建构数学知识体系，使其能够自主分析和解决数学问题。

那么，数学教师要如何设计问题？设计问题要从学生的实际（学生已有的生活经验、学科知识等）出发，由浅入深、阶梯式地逐步"带着学生走向数学思考"；设计的问题既要让学生有东西可想，又要让学生想得出，学生经过1~2分钟（或3~5分钟）的思考就能解决，或者讨论一下就能解决；设计的问

题要让学生在解决问题的过程中体会其中蕴含的数学思想或方法。基于对数学知识的本质的认识，我们可以从以下角度设计问题，帮助学生认识知识的本质、理解知识、建构知识：一是问题的设计与展开要展现概念的形成过程；二是问题的设计与展开要有利于学生对概念内涵和外延的认识；三是问题的设计与展开要有利于学生从不同角度认识知识之间的联系；四是问题的设计与展开要有利于学生反思知识的建构过程。

总之，依据儿童的学习特点，教师所设计的问题应该具有以下特点：第一挑战性，给学生带来认知冲突；第二启发性，引发学生参与数学思考；第三可接受性，让学生处于最近发展区；第四可延展性，使学生在有效互动的过程中加深对问题的理解，增强其自主探究能力。

（三）注重直观联系，达成数学理解

什么是直观？有人认为直观就是"直接观察"。其实直观是指感性认识，直观的特点是生动性、具体性和直接性。直观教学就是指通过多种感官使学生获得大量感性认识，其目的是在此基础上由抽象概括上升到理性认识。课标中提出了"几何直观"的概念，该概念认为直观不仅仅是指直接看到的东西（直接看到的是一个层次），更重要的是依托现在看到的东西、以前看到的东西进行思考、想象。几何直观就是依托、利用图形进行数学思考、想象，它在本质上是种通过图形所展开的想象能力。很多重要的数学内容、概念，都具有双重性，既有数的特征，也有形的特征，只有从两个方面认识它们，才能很好地理解它们，掌握它们的本质意义；也只有这样，才能让这些内容、概念变得形象、生动起来，变得更容易使学生接受并运用它们去思考问题，形成几何直观能力，这也就是经常说的"数形结合"。

直观联系强调直观教学在学生数学理解中的重要作用。在学生学习数学知识、解决数学问题的过程中，教师应该根据数学知识的自身特点和小学生的认知特点，来提供或让学生动手制作实物、模型、图示等丰富的数学学习材料，组织学生借此来进行各种认知活动，建立正确的心理表象，最终通过自己的思维构成对数学知识的抽象理解。

（四）注重活动过程，在互动中实现教学过程的"数学化"

"数学化"是指实现数学的再发现和再创造的教学过程，即从学生熟悉的现实生活开始，沿着人类数学发现活动的轨迹，从现实中的问题到数学问题，从具体问题到抽象概念，从特殊关系到一般规则，逐步让学生通过自己的发现去习得数学、获取新知识，帮助学生把头脑中已有的那些非正规的数学知识和数学思维上升发展为科学的结论，实现数学的"再发现"。我们应该记住弗赖登塔尔的名言：与其说是学习数学，还不如说是学习"数学化"。"数学化"是一种组织与构建的活动，它运用已有的知识与技能去发现未知的规律、关系和结构。虽然，学生要学的数学知识都是前人已经发现的，但对学生来说，仍是全新的、未知的。数学知识的学习并不是简单的接受，而以再创造的方式进行。

"活动过程"是指最终得到数学结论的数学活动过程。这里的"过程"包括两个方面：一是发现实际问题中的数学成分，并对这些成分做符号化处理，把一个实际问题转化为数学问题，这是"横向数学化"过程。二是在数学范畴之内对已经符号化了的问题做进一步抽象化处理，从符号一直到尝试建立和使用不同的数学模型，发展更为完善、合理的数学结构，这个过程体现"纵向数学化"。教师设计的教学活动要有利于体现活动过程，有利于师生实现课堂互动，有利于学生进行真正的探究活动，让学生通过师生或生生之间的有效互动，理解一个数学问题是怎样提出来的、一个数学概念是怎么形成的、一个数学定论是怎样获得和应用的，让学生在参与活动的过程中学习和应用数学。

（五）在互动教学设计中注重基本思想渗透，帮助学生汲取数学营养

数学思想的内涵十分丰富，有学者通俗地把数学思想说成"将具体的数学知识都忘掉以后剩下的东西"，具体有从数学角度看问题的出发点、把客观事物简化和量化的思想、周到地思考问题和严密地进行推理，以及建立数学模型的思想、合理地运筹帷幄等。基本数学思想具有一般性，需要满足两个条件：一是数学产生以及数学发展过程所必须依赖的思想；二是学习过数学的人具有的思维特征。前者是就数学的学科领域而言，后者是就数学的教育领域而言。数学思想归纳为三种基本思想，即抽象、推理和模型。通过抽象，人们把外部

世界与数学有关的东西抽象到数学内部，形成数学研究的对象，其思维特征是抽象能力强；通过推理，人们得到数学的命题和计算方法，促进数学内部的发展，其思维特征是逻辑能力强；通过模型，人们创造出具有表现力的数学语言，构建了数学与外部世界的桥梁，其思维特征是应用能力强。

一个人完成学业进入社会后，如果不是在与数学相关的领域工作，他学过的具体的数学定理和公式可能大多都用不到，若干年以后就会渐渐忘记。而学习数学知识的同时如果也获得一些数学思想，这样的学习一定会使学习者终身受益。数学思想是数学科学发生、发展的根本，也是数学课程教学的精髓。数学学习不仅要学会数学的概念、公式和计算程序、解题方法，更重要的是让学生在学习这些结论的过程中感悟、体会、理解其中的数学思想。

小学数学教学可以并应该渗透哪些数学思想呢？在小学阶段，数学的基本思想主要有数学抽象的思想、数学推理的思想、数学模型（建模）的思想、数学审美的思想。由数学的基本思想演变、派生、发展出来的数学思想还有很多。例如，由数学抽象的思想派生出来的有分类思想、集合思想、"变中有不变"的思想、符号表示的思想、对应的思想、有限与无限的思想等；由数学推理的思想派生出来的有归纳的思想、演绎的思想、公理化思想、数形结合的思想、转换化归的思想、联想类比的思想、普遍联系的思想、逐步逼近的思想、代换的思想、特殊与一般的思想等；由数学建模的思想派生出来的有简化的思想、量化的思想、函数的思想、方程的思想、优化的思想、随机的思想、统计的思想等；由数学审美的思想派生出来的有简洁的思想、对称的思想、统一的思想、和谐的思想、以简驭繁的思想、"透过现象看本质"的思想等。

三、小学有效互动教学设计的基本过程

有效互动教学设计的基本过程包括教学核心内容及教育价值分析、学生情况及学习任务分析、有效互动教学目标的制订、确定有效互动教学活动的基本过程。这四个方面课堂教学设计基本过程是一个整体，也有顺序性。其中，确立有效互动教学目标是有效互动课堂教学设计的核心，教学核心内容及教育价值分析、学生情况及学习任务分析是制订教学目标的基本依据，而有效互动教

学活动的基本过程是实现教学目标的主要手段。

教学核心内容及教育价值分析：主要是对静态文本资料的分析，具体包括学习内容的数学本质（上位数学知识）分析、课程标准以及教学用书分析、教学核心内容的教育价值分析、数学基本思想分析等。

学生情况及学习任务分析：主要是对学生的情况分析。学生是具有主观能动性的个人，其自身的身心发展会随着知识的习得而发生改变。学生是带着自己丰富的生活体验进行课堂学习的，不仅包括学生已经有的知识，还包括学生的生活体验和知识经验、学生的困惑、学生的情感等。

有效互动教学目标的确立：基于对教学核心内容及教育价值分析和学生情况及学习任务的分析，我们就可以确立有效互动教学目标。教学目标是教师希望通过数学教学活动所达到的理想状态，是数学教学活动因材施教的结果，是数学教学设计的起点和核心。

确定有效互动教学活动的基本过程：是教师为了达成有效互动教学目标，精心设计教学活动的过程。数学教学活动是一种特殊的活动。数学教学活动应该是师生积极参与、交往互动、共同发展的过程，不应该是教师单向、独白式的教学。它是教师、学生文本之间的多向交互关联的活动体，它通过交往获得动力，通过互动得到创生。数学教学不仅仅表现为抽象的符号传授，更应该是生动的、富于思维碰撞的心灵沟通。数学教学活动是在"教"和"学"这两种基本行为中展开的，这两种行为有共同的目的指向教学目标，而这两种行为的对象就是数学教学内容。教学活动的基本过程是通过一系列的思维活动把知识贯串起来，使学生真正感悟到数学知识深化发展的动态过程。从微观的角度看数学活动设计包括知识发生设计、知识发展设计、知识应用设计、知识反思设计。

（一）教学核心内容及教育价值分析

关于教学核心内容中对课程标准、教学用书、教材等的解读，需要特别指出，对一节课的教材编写意图的分析应该基于对于单元整体教材的理解。这就要求教师能够表述单元知识内容及单元知识结构，同时对本单元整体教材和本节课教材的内容设计和逻辑顺序等进行分析，从而体会出本节课在整个单元中的地位和作用；同时，教师还要能够对所涉及内容进行纵向联系分析，即根据学生以前学习过的内容和将来要学习的内容进行实质性的相关分析。

学习内容的数学本质（上位数学知识），是指超越小学数学课的知识内容，即初中、高中以及大学数学中可能出现的相关数学知识。对学习内容的数学本质（上位数学知识）的认识，简单来说，就是希望数学教师从数学本质的角度去把握所教知识的本质内涵。

对教学核心内容所承载的教育价值的分析，就是希望教师不仅考虑所教的内容知识，更要探究知识内容背后所蕴含的东西。这些东西中有数学教育对学生来说是适宜的、满足发展需求的，有数学教育对学生来说的全面育人功能。例如，学生对数学本质及思想有意义的感悟，对多样化的数学活动经验的体验与积累，对良好的情感体验以及个性品质的培养，对创新精神和实践能力的关注。这些东西具体包括两个方面：一是数学知识的本身魅力，即所学知识和方法的学习过程价值，知识探索、形成或应用过程中的思维价值；二是在学习数学知识的过程中对于人的情感态度价值观形成的价值。

教师对于教学核心内容的分析，应注意以下几点：

第一，教学核心内容分析要始终围绕问题展开，用好问题激发、调动探究的意识，带着问题进行教学核心内容的分析。

第二，梳理教材时要进行适时的归纳和提炼，教师既要整体把握教学内容，对相关内容的核心、本质进行梳理、概括；又要分析核心概念，把握核心思想，了解不同学习材料，分析不同设计思想，突出概念本质。

（二）学生情况及学习任务分析

学生情况及学习任务分析，主要是对教学对象——学生的情况分析。教师要想真实地了解学生学习前的准备状态，不能简单地依靠自己对学生的主观经验，还需要一些简便易行的教学调研。学生情况分析一般由两个方面的内容构成：一方面是对学生主体存在的认知水平或程度和需求水平或程度的调查；另一方面是教师主体针对所搜集的学习前调查信息做的统计分析。学生的认知水平或程度包括两类：一是已经习得的客观知识经过内化或类化所达到的经验状态；二是对即将学习的而未学的重点、难点知识的经验状态。学生的需求水平或程度，是指学生主体对即将学习的内容应有的学习兴趣或积极的学习态度动机。通俗地说，分析学情就是分析学生思维过程，理清"学生可能会怎么想"，透析学生思维障碍，明晰"学生的困难是什么"。

教师对学习者的情况的分析应注意以下几点：第一，小学数学中的学生情况分析是为了在教学前诊断学情，结合教学核心内容分析学生已经经历、可能遇到的困难以及学习时的思维过程。基于实证地进行学生情况分析，而不仅仅是基于感觉、经验和理念的宽泛描述。第二，教师在进行学生情况分析的过程中要围绕教学核心内容分析后的问题。教师要清楚地认识到自己进行学情分析是为了什么，接着要弄清分析学生的哪些情况，最后再选择某种方式进行学情调研。第三，调研方式包括课前测验、访谈、课堂观察、作业分析等。教师需要根据不同的目的合理选择。公开课我们提倡课前测验、访谈，常态课我们提倡单元前小测试、访谈、课堂观察、作业分析等。

需要特别指出的是，教师需要在学生调研的基础上，结合教学核心内容的分析，确定学生的学习任务。学生已有知识经验是学习任务的起点，学生的学习困难是学习任务探究的重难点。

（三）有效互动教学目标的确立与表述

1. 有效互动教学目标的确立

有效互动教学目标是在教学核心内容及教育价值分析和学生情况及学习任务分析的基础上得出的。通过教学核心内容及教育价值分析把握教学的重点，通过学生情况分析诊断教学的难点，在重难点比较清晰的情况下结合课程目标、教学资源、进行预设目标设计。而且从有效互动教学目标就能看出教师在后续的活动设计中都将设计怎样的有效互动教学活动及为了实现哪个目标。有效互动教学目标对有效互动教学活动设计的指导作用非常明确。教师要通过启发式的教授，帮助和引导学生明确所需思考和解决的问题，及时做出积极的反应，给予鼓励，有效互动，以平等的姿态交换意见，因势利导，把握正确的思维方向，共同探讨，直至问题解决。

教师对有效互动教学目标的设计应注意以下几点：第一，在进行有效互动教学目标设计时教师需要关注教学核心内容的分析与学生情况的分析，教学核心内容及教育价值分析是明了教学的逻辑起点，学生情况分析是认识学生的认知起点及认知困难，确立适宜的教学目标。第二，有效互动教学目标是有效互动教学活动设计的依据，在教学活动设计时要不断审视该目标，将确立的有效互动教学目标分解成具体环节目标（可操作、可检测），要依据环节目标生成数学"可互动问题串"，通过数学"可互动问题串"构建一个或几个数学活动，确保活动为实现目标服务。第三，有效互动教学目标是实施有效互动教学活动的保障，把教学设计的预设转化为实际的教学活动过程，师生双方的互动往往会生成一些新的教学问题与教学资源。教师需要根据教学目标及时把握，适时调整。

2. 有效互动教学目标的表述

有效互动教学目标确立后，教师要以书面的形式将之表述出来。教育心理学家对于教学目标的表述，有两种不同的观点：行为主义强调用可以观察、可以测量的行为来描述教学目标；认知学派则主张用内部心理过程来描述教学目标。尽管这两种观点不同，但教学目标的重点应说明学生的行为和能力的变化这一观点是被共同接受的。

（1）行为目标的表述。

行为目标的表述是指经历教学过程后，学生身上所发生的行为变化及其程度。它具有精确性、具体性和可操作性等特征，较适用于"基础知识与基本技能"教学目标的表述。美国心理学家马杰提出，教学目标一般应包含四个要素：主体、行为、条件和标准，即ABCD法。A是主体（audience），即目标行为的主体是学生；B是行为（behaviour），即学生在教学过程后应能够做什么，用行为动词描述学生所形成的可观察、可测量的具体行为；C是条件（condition），即学生是在什么条件下完成行为的；D是标准（degree），即学生对目标所达到的最基本要求。对行为标准的具体描述，可使教学目标具有可测性。目标行为的陈述方式是"行为主体+行为动词+行为条件+达成程度"。

（2）发展目标的表述。

发展目标的表述是指在教学情境之中伴随教学展开而强调体验和表现的

目标。它具有历时性和过程性的特征，较适用于"过程与方法"教学目标的陈述。发展目标的表述重视学生的个性思考和教学过程的感悟，在一定程度上弥补了行为目标的表述的不足。

（3）表现目标的表述。

表现目标的表述指学生在教育情境中的种种"际遇"，即每一位学生个性化的创造性表现。它强调学生的个性差异和创造性表现，较适用于"培养学生创造性和创新精神"教学目标的表述。对于表现目标的表述，重在明确规定学生应参与和经历的活动及情境，描述学生在活动中应表现出来的行为和态度。

（4）内部过程与外显行为结合的目标表述。

有一些教学目标无法用行为来描述，如学生内在心理发生的变化、情感态度的变化等。为此，美国心理学家格伦兰德提出用内部过程和外显行为相结合的方式表述教学目标。用这种方法表述的教学目标由两部分构成：第一部分为基本教学目标，用一个动词描述学生通过教学所产生的内部心理变化，如理解、运用、分析、创造、欣赏、尊重等；第二部分为具体教学目标，列出具体行为样例，即学生通过教学所产生的能反映其内在心理变化的外显行为。例如，"两位数乘两位数"的教学目标陈述如下："理解两位数乘法的算理，能口算整十、整百乘两位数，并能正确笔算所给出的两位数乘法题。"当然，教学目标的制订可以从二维目标角度来进行思考，也可以从数学课程的四人具体目标（知识技能、数学思考、问题解决、情感态度）来进行思考。但在日常设计中，不能拘泥于某一种教学目标的表述或形式，而必须根据课程标准、教学内容、教学对象和教学条件等因素，努力去实现几个方面目标的整合，灵活陈述教学目标。这些目标其实可以分成两组：结果性目标和过程性目标。在一般常规课的教学目标设计中，我们提出一节课的课时教学目标中有三要素：结果性目标、过程性目标、实现目标的主要途径。

（四）确定有效互动教学活动的基本过程（以数学概念形成教学为例）

1. 从"现实数学"中提炼数学问题

对小学生来说，"现实数学"主要是指特定生活环境下丰富的日常生活体验和现实知识积累，这其中包含着大量的数学活动经验。数学概念作为具有概括性、抽象性、精确性等特征的科学概念，在概念形成过程中，需要以学生头脑中已有某些自发性概念（日常概念）的具体性、特殊性成分为依托，从中寻找出它的理论逻辑性，使之能借助经验事实，变得容易理解。小学数学中许多概念，特别是一些基本概念，与现实生活有着不可分割的联系。因此，在新概念引入时，教师要注意利用学生自己在日常生活中的经验或事实，也可以由教师提供有代表性的典型事例，使他们身处现实问题情境中，通过亲身体验，在感性认识的基础上，借助分析、比较、综合、抽象、概括等思维活动，精微化常识性材料，自主将之提炼成现实数学问题。

2. 将学生带入问题中揭示概念形成过程

数学活动的核心是问题。教师需要丰富学生在概念学习过程中的体验，将数学概念的形成过程、形式化的数学概念及一些相关的材料转化为富有现实生活意义的问题情境，从而把学生带入问题中，让学生在问题的探索中构建概念的心理表征。在这个过程中，教师可以采取以下两种教学策略：一是把数学概念的生成过程问题化。从课程目标看，概念的由来、概念的必要性、概念的应用性，应该是概念教学的目标。概念生成过程中的诸多问题，往往也是区分概念本质特征与非本质特征的关键所在。因此，在教学中应尽可能把概念展示过程转化为一系列带有探究性的问题，真正让学生在现实生活和已有知识的基础上展开"火热的思考"，在自主递进式的问题解决中揭示概念的形成过程。二是把书面化的抽象材料转化为蕴含概念本质特征、贴近学生生活、适合学生探究的问题。

3. 引导学生在数学化中分化、概括、形成概念

数学概念形成的发展过程是一个数学化的过程。学生通过对常识材料（日常生活经验和已有的知识）进行细致的观察、火热的思考，借助分析、综合、比较、抽象等思维活动，对常识材料进行去粗取精、去伪存真的精加工，从而舍弃材料的现实意义，抽象出共同的、本质的属性或特征，并区分出有从属关系的关系属性，使新概念与已有认知结构中的相关观念分化，用语言概括成概念的定义。

4. 在概念应用中完善概念意象

在新概念图式雏形建立的基础上，通过概念的应用完善概念意象，具体说，就是在数学概念与实际应用之间多次润色，形成概念意象。教师可以在两个层面设计应用：①通过巩固练习、变式练习等练习行为（具有一定模仿性、探索性、自主发现性），让新学习的知识得到巩固。这一层面的学习，学生学到了一定技能，使新学习的知识在应用中体现价值和进一步挖掘新的内涵。②按照科学概念的意义从不同侧面设计实际生活问题和综合问题并解决，从中体会数学的意义，深化对概念本质属性的理解，增强问题意识，在潜移默化中形成用数学的眼光观察事物、真正把握概念本质属性的能力。这一层面的应用，使学生初步形成的数学认知结构臻于完善，最终形成新的良好认知结构，以求新知识更广泛地应用。

教师在应用设计中要注意其迁移规律，既要有知识正迁移的高效实现，又要有知识负迁移的有效澄清。设计方式是组织系列问题，或是正误辨析，或是错误识别并分析理由，或是提供背景材料解决实际问题的练习，或是不循常规的开放式问题，或是仅提供问题背景。

四、有效互动教学设计案例研究

（一）活动背景

为了提高我校教研活动的针对性和实效性，进一步深化有效互动课堂教学的实践研究，学校数学科组以"几何形体练习课有效教研活动"为研究主题开展了一系列研讨活动，通过磨课、课例展示以改善数学课堂教学质量。下面就一次主题式校本教研活动设计案例与大家一起交流、探讨。

（二）策划安排

教研主题：优化几何形体练习课堂，提高课堂教学的有效性。

活动时间：2013年4月。

组织负责：钟老师。

内容：义务教育课程标准实验教科书（人教版）五年级下册第27~45页。

课例执教：王老师。

活动成员：数学科组全体成员。

活动程序：集体备课→第一次试教→学校教研组评课→第二次试教→学校教研组评课→确定教学设计（完善教学设计）。

活动目标：一是探索在新课程标准的背景下几何形体课堂练习设计的策略，强化教师课堂教学的技能，提高练习课堂教学的实效；探索在新课程标准的背景下几何形体练习课结构和学生喜欢的课堂练习形式，激发学生的学习兴趣，提高学生学习数学的积极主动性，让不同的学生在数学上得到不同的发展，进而提高小学数学的教学质量；三是体现本校数学科组的团结互助精神，促进教师专业成长。

（三）实施过程

1. 分析现状，提出主题

新课标明确倡导要在具体的情境下学习几何形体，尤其是长方体和正方体的表面积与体积的教学。因为在真实的情境中唤起学生的生活经验，培养学生的几何形体意识，在探究几何形体方法的同时更能发展学生的空间想象力。

2. 备课初展，集思广益

科组教师集体备课，本节课联系学生生活实际，创设简单开放的问题情境，通过计算学具盒的表面积和体积，然后采用表格的形式回忆长方体、正方体的概念、常用计量单位和计算方法，比较了长方体和正方体表面积与体积的不同。练习设计填空、选择、判断和解决问题等丰富的习题，让学生进一步理解长方体和正方体表面积与体积的意义、计量单位、计算方法以及实际应用，调动学生学习的积极性，发展学生的空间想象力。

3. 学情分析，感悟策略

（1）观察发现。

从平常作业及练习中观察发现，学生对于长方体和正方体的表面积和体积的学习仍然存在两个问题：一是学生不知道在具体情况下是计算表面积还是计算体积；二是学生不知道在遇到什么问题时选择什么样的计算策略，也就是计算方法不能做到合理。那么，如何在练习课教学中突破这两个难点？这是我们思考的问题。

（2）本节课关注的重点。

正确区分长方体与正方体的表面积和体积的概念。巩固和掌握解答方法，能正确地解决实际问题。

在教学内容的选择上，主要通过这节课的教学解决以下三个问题：一是进一步理解长方体和正方体表面积与体积的意义；二是进一步理解、掌握长方体和正方体表面积与体积的计算方法；三是灵活运用相关的知识解决生活中的实际问题。

（3）教学难点的突破。

灵活运用相关知识解决生活中的实际问题是这节课教学的难点。对于如何突破这个难点，在试教的过程中，教研组成员给了很多建议。例如，训练学生会根据直观图给出的条件，准确找出某个面对应的长和宽，求长方体指定面的面积；教会学生审题的策略，可以通过一些关键字眼先弄清楚题目求的是表面积，还是体积；如果是求表面积，具体是哪些面的面积。

经过商讨，然后由执教者进行初次备课并试教。

4. 第一次试教后反思

本节课的重点是进行长方体、正方体的表面积与体积比较，通过本节磨课的教学，我们认为达到了这个教学目的。在课堂上，我们让学生从长方体和正方体的概念、计量单位、计算方法等入手，比较了长方体和正方体表面积与体积的不同，然后通过练习，强化了这种认识，取得了较好的效果。

（四）磨中感悟，完善设计

数学科教研组全体成员评议：

（1）从生活实际中引入。教学中不仅仅是对长方体和正方体的表面积与体积的认识，渗透生活中处处有数学的思想，还引导学生把学习过的数学知识回归到现实生活中去，激发学生的观察和思考兴趣。

（2）联系实际探索。教学中设计了操作和图例，让学生有动手、动口和人人参与学习的机会，用观察、操作等手段进行学习、获得体验，体现了以人为本的教学。

（3）在情境中应用。教学中，我们虚拟出同现实生活有密切联系的牛奶盒、礼品盒等问题情境，让学生多元化解决问题，使学生的思维能力、情感态度与价值观等多方面得到进步和发展。

（4）在实践中研究。实践培养学生的创新意识和实践能力，体现了"带着问题进课堂，带着问题出课堂"的思想，这样有利于提高学生认识自身潜能、增强自信心、启发想象力与创造力、提高解决问题的能力。

（5）注重练习的小结。学生通过题组的对比训练，可以从中看出题组变化的来龙去脉，弄清解题思路，在教师的小结点拨下总结归纳出解题的规律，提炼解题的方法，进一步形成解题技巧。

（五）收获和体会

本节课经过了多次试教与磨课，教案修改了多次。经过这样的磨课，教师上课的语言、神态、过度语、教学方法等综合素质得到了提升。数学科教研组成员听了试教后，一次又一次地集体备课，一次又一次地修改教案，更体现我校领导对磨课工作的重视，对磨课教师的关心。在此次磨课中，我们对教学设计有了以下新的认识。

1. 引进资源，使练习课"活"起来

生活离不开数学，同样，数学也离不开生活，生活中的许多素材都是很好的数学学习资源，有些数学问题就要用到我们已经学过的长方体和正方体的知识。在准备这节课时，教研组对情境的创设考虑了两个方面：一是简单开放、贴近生活。数学就在我们的身边，从学生平时接触较多的牛奶盒、礼品盒等入手，给学生一种亲切与熟悉的感觉，能更好地体现数学来源于生活。因为这些例子都以学生亲身实践为基础，因而学生感到非常亲切实用，他们可以根据自己的体验，开放地去探究、去发现、去"再创造"有关数学知识。

2. 在磨中感悟设计策略，使练习课"活"起来

照本宣科，教师轻车熟路，在一定程度上也能使学生获得必要的知识技能，但不利于学生的发展。学生在数学方面的发展不只包括知识技能，还包括数学思考、问题解决、情感态度、价值观念等诸多方面，这是一个密切联系的整体，学生的全面发展要在丰富多彩的学习活动中才能够实现。我们要促进学生的全面发展就要设计丰富多彩的学习活动，就要对教材进行加工整合，即

"磨"教材。只有这样，才能使课堂真正"活"起来，使我们的数学课堂焕发出生命的活力。

3. 在磨中完善设计，使练习课"活"起来

优秀的教案往往会产生强大的内驱力，如果我们能想方设法多创设让学生表演的"舞台"，让他们能在快乐中学习，尝试成功的快乐，必定能使数学课堂"活"起来。方法是人创造、积累的，能不能用"磨活"教材，让数学走进生活，关键在教师。这次磨课，教研组成员听了试教后，一次又一次地集体备课，一次又一次地修改教案，完善教案，从而把"磨"教材真的"磨活"起来了。"数学问题生活化""让数学走进生活"是一种全新的课程理念，它有利于实现"人人学有价值的数学，人人都能获得必要的数学"。

第二节 教师数学课堂组织技能提升

一、小学数学课堂组织概述

（一）小学数学课堂组织的含义及意义

课堂是学生学习的场所和教师育人的主渠道。而组织教学是一门艺术，是一个教师必备的才能，大致可从学生、教学内容、教师本身这三方面入手来组织教学。所以我们可以说，小学数学课堂组织教学是在课堂教学中，教师合理组织每节课具体的教学内容，在和谐的教学环境下，不断调动学生的注意力和学习兴趣，并指导学生进行主动探究、合作学习的行为方式。

课堂组织教学是一种技能，是课堂教学技能的重要组成部分。它贯穿整个教学过程的始终，是一堂课有序进行的保证，且直接影响到教学效果的好坏。对于掌握学习方法不多、学习内容日趋灵活的小学数学学习来说，能在恰当的课堂组织方式下学习显得尤为重要。

（二）小学数学课堂组织的分类

1. 组织管理课堂纪律

管理性组织指的是对课堂纪律和个别学生的管理，其作用是使小学数学课堂教学更有序地进行。

（1）课堂秩序和个别学生的管理。

在课堂上学生可能会出现发呆、交头接耳、东张西望、看课外书、做其他学科作业、吃零食、睡觉等行为。教师一般可采用暗示法来提醒学生，以免破坏和谐的学习环境，影响上课的正常秩序。暗示法具体有动作暗示，如摸摸学生的头、肩膀，走近学生的身边；眼神暗示，如眼睛注视学生一会儿；语言暗示，如表扬这边学生听得认真，另一边的学生需要加油。不管选择哪种暗示，教师应尽量创造一种相互信任、自然、亲切的气氛，在学生没有抵触情绪的情况下，对他们进行教育，而不能一味地批评。

（2）常用的方法。

一是表扬加教育。这种方法是当个别学生的不良行为在课堂出现时，只要没有造成大的干扰，教师可暂时不理睬他。在适当的时候，教师可安排一些如观察计数器、拉一拉平行四边形、摆小棒、利用课件演示变化等数学活动，来引起学生的注意。当这些个别学生也开始注意时，教师可叫他回答一些简单的问题，然后指出他开始时没注意听课，现在因为注意听课而答对了，及时地给予表扬。

二是鼓励加行为替换。教师应该为有不良行为的学生提供合乎要求的行为建议。例如，在教学中，组织学生对某个问题进行讨论时，有的学生说一些与讨论内容无关的话，影响讨论的正常进行。遇到这种情况，教师可以事先指定，请他代表小组发言，如果发言较好，教师可以让全班学生为他鼓掌以示鼓励，从而使个别学生在不良行为和替换行为间做出选择，从替换行为中得到满足。或者，教师寻找平时行为不良学生的优点，强化其优点让学生更愿意展示自己，参与学习。例如，教师在发现一个后进生计算的速度特别快之后，上课中有计算问题就多让他回答，及时表扬他计算很快，并提醒一些计算较慢的学生要多向他学习，帮助他在数学学习上找到自己的优点、树立信心。这样后进生才会更乐于参与课堂，减少发呆的时间。

三是教育加批评。一个好的教师，从不吝啬表扬，要表扬有度，夸奖到点；也从不随意批评，要批评有方。教师在批评学生之前，需要帮助他们明辨是非，使其明白对他的批评是合理的，这样才会产生更好的效果。所以批评的目的是让他知道以后数学学习中可以做什么事、怎样做，不再无所事事、手足无措。

例如，对于计算能力较弱的学生，教师需要及时指出其错误并单独指导其提高计算正确率的方法，让学生能更好地理解公式，更快、更容易地完成计算。"一看、二想、三算、四查"的方法就可以明显提高计算的正确率。一看，是指看清题目中的数和运算符号；二想，是指想好计算过程，先算什么，再算什么；三算，是指分清每一步的计算方法并仔细计算；四查，是指做到计算的及时检查，有没有抄错或遗漏的。

2. 组织指导学生学习

（1）组织学生观察、阅读、练习的指导。

观察是指有目的地对事物各个方面或某一方面进行的研究。一般首先让学生明确观察什么、如何观察，然后再让学生进行观察。在方式上常常先提问，再让学生通过观察去解决问题。

阅读是指在数学教学中，特别是在数学概念的教学中，培养学生的阅读理解能力是很重要的。学生在没有掌握阅读方法之前，常常是从头到尾地读，把握不了概念的重点。这就需要教师在阅读前进行指导，如"在这一概念中，哪个词是关键词？"这样会使学生迅速集中精力，从而把握关键词，掌握概念。通常在学生阅读前，教师需要提出一些思考问题，让学生带着问题去有目的地读。

练习是在小学数学学习中，学生巩固新知识必不可少的学习环节。练习的题目按难易情况分题组或分层出示，不要把练习的题目一次全拿出来。在练习过程中，教师可指定几名学生进行板书演示，教师巡回指导，在此期间教师要特别注意对后进生的指导和点拨，对掌握得好的学生提出思考题，使他们的智力得到充分的发展。

（2）组织课堂讨论的指导。

讨论是一种有计划、有组织、学生积极参与的独特的教学方式。对于学生有争议的问题或具有多种答案的开放性问题，运用讨论的方法更为合适。讨论方法可分为全班讨论和小组讨论。全班讨论时，教师既是组织者，又是领导者。问题提出后，学生互相交流对问题的看法，教师要在学生讨论受阻时给予必要的提示和启发，使学生的交流或争论能向着预定目标进行。小组讨论一般是前后桌四人一小组或同桌两人之间进行讨论。对这种形式的讨论，教师需要在宣布讨论开始之前就把讨论的内容、要求、大致步骤、汇报要求、规定时间解释清楚，这样学生才能不浪费时间。讨论期间，教师要到每组巡视，听取他们的发言，并给予必要的指导。

（三）小学数学有效互动课堂组织的方法

课堂教学组织得如何，直接影响着课堂教学质量的高低和教学效果的好坏。教师要组织好课堂教学，就必须关注每一位学生，巧妙地运用各种语言和非语言手段，使课堂教学有条不紊地进行，并努力调动学生的注意力，激发学生的学习情感，使学生全身心地投入学习。一般组织课堂教学的技巧有目光注视法、表情感染法、停顿吸引法、鼓励激励法、语言表达法、暗示提醒法等。那么，针对小学数学课堂教学的组织技巧又有哪些呢？

1. 激发兴趣法

学生对所学知识感兴趣是其进行学习的最大助力。兴趣是人的一种带有趋向性的心理特征，是行为的内在动力。然而在听课过程中，学生不可能一直保持高度的注意力。这就需要教师在课堂教学及课堂组织中设计一些能激发学生兴趣的环节。例如，利用微课让学生在极短时间内了解大致的学习内容，或利用课件、游戏、有趣的语言、小故事等引起学生的关注，还可以有意识地留有时间让学生思考。总之，教师在数学教学过程中，应让学生多看、多做、多动、多玩、多乐、多想、多说。这样的课堂才能让学生更易于接受知识，更明白学习数学的意义，才能起到提高学习效率的作用。

2. 先学后教法

小学数学课堂中应尽量设置"先学后教"的环节，还可以多设置一些可以让学生提出质疑、发现方法、验证结果的环节。这样的课堂才有可能使学生对新知识产生强烈的好奇心与求知欲，使学生更积极地参与课堂教学活动，才有利于学生体验到数学活动充满着探索与创造，激发学生的学习兴趣。

3. 板书演示法

对小学数学的计算课堂来说，板书演示计算过程是非常重要的，它不仅把计算知识概括化、层次化、明了化，也是归纳知识、调整思维的手段。

4. 合作督促法

课堂教学中会出现学生疲劳的现象。在学生学习情绪疲劳或个别学生学习积极性不高时，教师可根据教学内容设置小组合作习题、同桌互相批改检查等活动，利用生生之间的良性督促，提高学生学习积极性，达到取得最佳课堂教学效果的目的。

总之，课堂组织的技巧是多种多样的。但这些技巧需要教师精心设计，无目的的设置只会破坏教学的氛围，甚至还会影响学生的思维。所以教师在课堂教学中需要根据学生的心理特点、具体的教学内容及课堂情况，采用不同的方法因势利导地组织教学。课堂组织要以激发学生学习兴趣和积极性为主，以保证课堂教学计划顺利完成为前提，积极寻求最佳的课堂教学效果。

二、小学有效互动数学课堂组织训练

（一）教学方案的组织

有效互动教学设计以优化教学效果为目的，以学习理论、教学理论、传播学理论为基础，把课程设置计划、课程标准、单元教学计划、课堂教学过程、媒体教学材料等看成不同层次的教学系统，并把这些教学系统作为它的研究对象。一节科学、高效的课的教学方案，一般是在现代教学思想的指导下，运用系统的方法对教与学的行为进行设计。教师要提高教学质量，减轻学生过多的课业负担，就必须着重抓好有效教学方案设计的工作。

1. 备课

教师在备课时应多设置学生活动的环节。例如，设置"先学后教"的环节，或者设置一些可以让学生提出质疑、发现方法、验证结果的环节。具体设置过程如下：

第一，教师在备课时，应尽量设置"先学后教"的环节。有效互动课程理念倡导，学生是学习的主体，教师是学习的组织者、引导者和合作者。教师让学生"先学"，能在更大程度上发挥学生的主观能动性。而在学生自学的过程中，教师要先引导学生独立思考，再组织学生质疑问难，交流讨论，激励优等生帮助缺乏学习动力的学生，营造"生教生"的和谐学习氛围。学生在交流中完善认知、碰撞思维，从而使不同的学生得到不同的发展。然后，教师应给予适当的指导，并发挥自身"导学"的作用。

第二，教师在备课时还可以多设置一些让学生提出质疑、发现方法、验证结果的环节。这样可以使学生对新知识产生强烈的好奇心与求知欲，使学生更积极地参与课堂学习活动，有利于学生体验数学活动的探索与创造，激发学生的学习兴趣。

2. 反思

教师可以对教学内容、教学过程、学生关注状况等进行反思，反思不只对教师自身的成长有帮助，还能更好地了解学生对一堂课的理解是否到位。教师要知道在哪方面帮助学生，特别是要为那些缺乏学习主观能动性的学生搭建学习数学知识的台阶，使数学学习在学生眼中显得更加容易和有趣，也使数学课堂的组织更加紧凑和有效。

（二）有效互动教学方式的组织

我们说的教学方式一般包括教师教的方法（教授方法）和学生学的方法（学习方法）两大方面，是教授方法与学习方法的统一。教授方法必须以学习方法为依据，否则便会因缺乏针对性和可行性而不能有效地达到预期的目的。

除此之外，按照外部形态，以及学生认知活动特点，一般把有效互动教学活动中的教学方式分为：以语言传递信息为主的方法，包括讲授法、谈话法、讨论法和读书法等；以直接感知为主的方法，包括演示法、参观法等；以实际训练为主的方法，包括练习法、实验法、实习作业法；以欣赏活动为主的方法，包括陶冶法、观赏法等；以引导探究为主的方法，包括发现法、探究法等。

有效互动教学组织的方式分为教师授课的组织、学生自主学习的组织与调控、课堂教学中组织学生与学生的合作交流、微课的使用及组织四个方面。

1. 教师授课的组织

教师是有效互动教学活动的主导者，教师要时刻有组织教学的意识。教师授课的有效开展是引起学生学习兴趣的重要方法，也是课堂组织教学的根本。

第一，教师要充分利用多媒体课件，让学生多"看一看""动一动"。在数学课上，一般需要演示过程性变化，PPT课件能更好地展示变化过程。在练习课时，为了更好地让学生参与课堂，教师可以选择白板作为课件，因为白板中有很多学生易于操作的拖拽功能，可以引起学生的学习兴趣。学生在看和动中更能直观地感受到知识，并通过对课件的认真观察、对不同方法的比较，进而提出对错误的质疑，从而做出对数学知识正确的判断和理解。这能很好地培养学生的观察能力和认真听课的习惯。

  第二，在课堂中组织多种多样的游戏教学，让学生多"做一做""玩一玩"。例如，在"数与代数"领域的"100以内的加减法""表内乘法"单元的教学中可以多进行开小火车计算、帮小动物回家、找位置连线、拖动算式找答案等活动。在"认识时间"中，教师可以设计体验1分钟、5分钟长短的活动。让学生先估计后验证每分钟脉搏跳动的次数、阅读的字数、跳绳的次数等。在"数学广角"中学习搭配，教师可以让学生在自己操作活动中学习搭配的知识。虽然学生可能会找不全，但是他们会对自己找到的情况特别有印象，那么教师只要再通过方法的讨论就可以把较难掌握的"综合与实战"活动知识落实了。

  第三，生动有趣的语言，让学生在数学课上也能"乐一乐"。数学课堂讲究规范性、科学性、逻辑性、严谨性。但是课堂加入适当的幽默、生动的语言能让学生的思维更开阔，当然这里的有趣语言都要围绕着教学中的知识点来展开。教师还必须注意有趣的语言不能只是纯粹地开玩笑，否则大家一笑了之，没有任何增量，就是在浪费大家的时间。

  第四，简单易懂的小故事，让学生更容易接受。根据小学低年段学生的生理、心理特点，生动的小故事往往能让学生轻而易举地理解、接受新知识。

  第五，给学生自主学习探究的时间，多让学生能试着"说一说"。学生在充分说出自己的解题看法时，教师可以给予肯定。长此以往，学生才能积极参与课堂。有了展示自己的机会，学生才会产生学习数学的兴趣，从而提高学习主动性。

  第六，让学生意识到数学在生活中的作用，明白学习数学的重要性。教师在课中有意识地引导学生体会数学是能够帮助自己解决生活中的问题的工具，这样也能激发学生学习数学的兴趣。

2. 学生自主学习的组织与调控

基础教育课程改革倡导"人人学有价值的数学，人人都能获得必需的数学，不同的人在数学上得到不同的发展"。《义务教育数学课程标准（2011年版）》明确指出：义务教育阶段的数学课程，其基本出发点是促进学生全面、持续、和谐地发展。教学要实现发展不仅要掌握知识，而且要发展基本能力和培养良好的思想品德；不仅要发展个性和创造性，而且要具有自我教育、自我管理、自我完善的能力；不仅要发展智力，而且也要发展非智力，学会发展，培养社会适应性。为此，教师根据学生不同的个性特点、类型、知识水平和学习进度突出个性化教育，以促使学生都得到适合自身特点的最优化发展。

（1）让学生学会自我调整和自我评价。

苏霍姆林斯基说过："一个孩子，如果从未品尝过学习劳动的欢乐，从未体验过克服困难的骄傲，这是他的不幸。"《义务教育数学课程标准（2011年版）》指出："对数学学习的评价要关注学生学习的结果，更要关注他们的学习过程；要关注学生数学学习的水平，更要关注他们在数学活动中表现出来的情感与态度，帮助学生认识自我，建立信心。"因此，当学生通过学习有了丰富的情感体验之后，教师要帮助学生学会自我调整和自我评价。学生学会了自我调整和自我评价，就能及时根据自己的成绩找出自己的不足，调整自己的学习内容、方法和进度。

（2）鼓励学生自主学习。

信息社会是一个以人的个性为基础的社会，它需要的人才是多方面、多类型的人才。有位教育专家曾说过："给孩子一些权利，让他自己去选择；给孩子一些机会，让他自己去体验；给孩子一点困难，让他自己去解决；给孩子一个问题，让他自己去找答案；给孩子一片天空，让他自己向前走。"美国的小学生为什么可以写论文？因为他们自己会去图书馆查资料，因为他们会自主学习。因此，小学数学教师也要鼓励学生到互联网上、到生活实际中、到图书馆里进行辅助性学习，并让学生结合自己的实际情况，把课堂学习和实践学习结合起来，提高学生的自主学习能力，为学生终身学习打下良好的基础。

（3）为学生创自主学习的机会。

自主学习是一种潜能释放的学习，这时学生的学习处于主体地位，学生能够主动、自控地开展求知活动。

3. 课堂教学中组织学生与学生的合作交流

在互动课堂上，很多教师喜欢采取小组合作的方式让学生自主学习，但效果并不理想，甚至造成混乱。所以在课堂中，想要顺利开展生生合作交流，教师还需要掌握合作探究的策略。合作学习兴起于20世纪70年代初的美国，它利用学生的心理特点，如渴望在同龄人中表现，展现自我在群体中的位置。因此，新课程标准也强调："在教学中，要引导学生联系自己身边具体、有趣的事物，通过观察、操作、解决问题等丰富的活动，感受数学的意义，体会数学用来表示和交流的作用。""教学时，应关注学生参与活动的情况，引导学生积极思考、主动参与同伴合作、积极与他人交流，使学生增进运用数学解决简单实际问题的信心，同时意识到自己在集体中的作用。"但对于小学生，特别是低年级学生来说，他们年龄小，思维水平低，识字量少，语言表达困难，合作意识淡薄，因此教师更要注意对其进行小组合作学习意识的培养。

第一，把握合作要领，培养合作精神，讲清合作规则。小组合作前教师要讲清楚规则，越是低年级越要讲清规则。

第二，合理安排合作对象。合作学习是通过学生之间的合作交往互动来达成目标的。教师要对学生的知识基础、兴趣爱好、学生能力、心理素质、性别等方面进行综合评定，然后将学生搭配成若干个学习小组，使各小组之间做到同组异质、异组同质，以便于组内合作、组际竞争。同时，小组分配也要遵循学生自愿的原则，通常合作学习小组由4~6人组成，包括一名或两名优等生、一名学习较差的学生、两名或三名中等生，分组时要注意男女生兼顾。

第三，进行明确分工。小组成员之间要有明确分工，落实具体任务，每个人担任不同的角色。在一定时间内进行角色交换，使得每个人都能在不同的角色位置上得到锻炼与提高，为学生的全面发展和个性张扬奠定基础。

第四，要选择合作时机。引导小组合作前，教师必须留有"空白"，让学生有一定的时间根据自己的意愿进行合作，这样学生才能充分展示新的理解和认识，从而提高合作的实效。合作理论认为：合作的价值就在于通过合作，实现学生间的优势互补。因此，一般在以下几个方面选择合作的时机：当学生独立思考出现困难时；当学生意见不同，发生争执时；当学生对问题的认识不全面时；当学生表现欲强，争着回答问题时；需要学生说出自己的认识，促进内化时。

第五，要精选合作内容。斯托利亚尔认为："在教学的每一步，不估计学生思维的水平、思维的发展就不可能进行有效的学习。"为此，提供给学生讨论的问题必须依据学生的数学元认知，把那些具有思考性或开放性，仅凭个人的力量难以考虑周全，需要发挥小组集体智慧的问题提供给学生，促进合作学习的开展。

小组合作学习在小学数学学习中存在较多问题，如小组活动重视形式；课堂纪律有时处于无序状态；学生间缺乏实质性的合作；学生的参与度不均衡；学生间的合作不够主动，达不到理想的效果；等等。因此，在合作学习中教师要教学生做到以下几点：

一是学会讨论。讨论能集思广益，既有利于学生的主动参与，使每个学生都有充分表现的机会，又有利于学生之间的多向交流，从而培养学生的协作精神和集体精神。在教学中，教师可根据教学的重难点和易混淆的内容等组织学生讨论，使学生在全方位交流中，主动参与学习过程，共同提高。

二是学会表达。爱因斯坦说过："一个人智力的发展和他形成要领的方法，在很大程度上是取决于语言的。"语言是思维的工具，小学生语言区域狭窄，数学语言的积累相对较少，他们的思维活动对语言有较强的依赖性。因此，在教学中，教师要善于创造学生"说"的机会，培养学生的语言表达能力，促进学生思维能力的发展。动手操作时，让学生说过程表象；解决问题时，让学生说解题思路；总结时，让学生说要点。在"说"的过程中，逐步使学生语言表达规范化、确切化、完整化、条理化。让学生准确地用自己的语言表达数学材料，运用语言去进行分析、推理、判断、归纳、总结等一系列思维活动，培养学生良好的数学思维品质。

三是学会倾听。倾听是合作学习的重要环节，倾听也是一种学习，学生要倾听教师的提问、同学间的发言；要倾听操作要点，也要倾听小组分工的要求；要倾听表扬之词，也要听得进批评之言，从而提高合作学习的效率。

4. 微课的使用及组织

微课作为一种新型教学方式的补充，是实现有效互动教学的重要手段。所以，教师需要掌握微课选取及使用的方法。

（1）微课的选取。

微课教学的选取适合于主题相对独立、知识点较少、教学时间较短、学生不容易理解的内容，而那些开放性强的教学内容就比较适合课堂学习。相对于人文类学科来说，微课是比较适用于数学这类理性学科的一种教学补充形式。它能够使学生更早、更有针对性地对教学内容进行"先学"，从而解决学生个体差异的矛盾。它的出现也解决了课堂时间不够等诸多问题。

（2）学生对微课的学习体验及微课的功能。

在学生对微课的使用中，可以发现，优秀学生对可以"先学"的内容较感兴趣，并可以在课后进行知识的拓展和提高。而缺乏学习动力的学生则可以在家长的督促下，课前进行知识的理解和搭建，或通过反复观看、模仿数学工具的使用过程达到复习巩固的效果。

微课的功能可以总结为以下几点：第一，微课有利于学生的发展。微课的使用能更好地让学生理解、巩固和应用学习的内容；更快地获得学习方法，提高学习能力，促进思维发展，养成学习兴趣并间接地提高学业成绩等。第二，微课能帮助教师提前诊断学生在学习中存在的问题，反馈教学效果，挑战和完善教学内容与方式。第三，微课的使用可以调节师生关系。因为它先填平了部分学生的知识漏洞，让原本一身多责的教师能从管理听课纪律的重任中解脱出来，使教师能心平气和地和学生进行互动。第四，微课可以适当解释和矫正课程标准的基本内容与要求，让学生和教师更容易把握课标。

三、组织技能运用——"有效互动体验课堂教学"主题教研活动案例

（一）活动背景

随着新一轮课程改革的推进，越来越多的人认识到"提高课堂教学的有效性"的重要性，有效教学因此成为课堂教学领域的热点问题。这就迫切要求教师改变数学课教学模式，使课堂教学真正成为师生互动的平台。"和雅有效互动体验课堂教学研究"正是在这样的背景下产生的，也成为了我校广州市"十二五"教育科学规划课题《"和雅"文化引领学校发展的行动研究》中的一个重要研究内容以及我校从化区"十二五"教育科学规划课题《小学数学课堂教学中有效互动的实践研究》的重点研究内容。"和雅有效互动体验课堂教学"的研究和课例展示，为我校教师提供了展示与交流的平台，提高了执教教师的教学技能，全面推动了我校教师的专业成长，切实提高了我校数学课堂教学的质量。

（二）活动目标

一是要求教师将从关注教本、从教师出发转变为从学生出发演绎动态学案，能真正关注全体学生的全面发展，为每个学生提供主动积极活动的机会，让不同层面的学生得到不同的发展，在立体式互动中促使师生同成长共发展。

二是让教师们都了解：教学是师生交往、积极互动、共同发展的过程。在这个过程中，师生分享彼此的思考、见解和知识，交流彼此的情感、观念与理念，从而达成共识、共享、共进，实现教学相长和共同发展。构建师生交往互动的数学课堂教学，就是从改善课堂教学的人际交往模式和数学课堂教学形式入手，通过调节师生关系及其相互作用，形成和谐的师生互动，以产生教学共振，达到提高学生参与兴趣的目的。这样的学习是富有生命活力的学习，必然也能够提高课堂教学效率。

三是对于听课教师来讲，要求其能从课堂教学中发现问题，并勇于提出问题、发表意见，营造良好的校本教研氛围，能够积极主动地参与教研活动。

（三）策划安排

禾仓小学数学科主题教研活动策划：

主题：有效互动+体验=精彩课堂。

活动时间：2013年3月—2013年5月。

组织负责：钟老师。

课例执教：巢老师、王老师、吴老师。

活动对象：数学科组全体教师。

1. 前期准备

（1）在第三周发出通知，说明本次教研活动的主题是"和雅有效互动体验课堂教学"；要求参加教师围绕主题先进行相关资料的积累和教学尝试，并思考以下问题：

① 当前课堂教学中互动体验教学存在什么问题？

② 应该怎样设计互动体验课堂教学的学习模式？

③ 对于设计互动体验课堂教学你有什么策略？

④ 在关注有效互动体验方面，你认为自己的教学哪里有优势？哪里存在不足？

⑤ 谈谈自己在以前教学中有效互动+体验=精彩课堂的经验或例子。

（2）请三位教师准备好与主题相对应的公开课，并配有详细的教学案例及设计意图。

（3）选出三位教师，要求他们能结合上课教师提供的教案预设和课堂生成的结果对三位执教教师的课进行深入点评。

（4）要求全体数学教师都参与评课，谈谈执教教师在教学中的闪光点和还有待加强的地方。

（5）活动结束后要求每位参与活动的教师写一篇心得体会，谈谈这次活动的收获及感言。

2. 活动方式

本次教研活动采用的是理论与实践相结合、课前预设有效互动和课堂生成和谐共生的方式，以课堂教学实例为载体，通过对课堂教学中的有效互动体验教学进行剖析，提升教师的课堂教学有效性。

3. 活动模式

此次教研活动的基本活动模式为学（理论学习，结合主题进行理论升华）、观（观摩课堂）、评（结合主题进行评课）、研（教研组集思广益，重新构建课堂教学）、改（改进教学，再实践）。

（四）实施过程

1. 寻找理论依据，学习理论知识

时间：2013年3月5日。

地点：会议室。

对象：全体参与主题教研的教师。

方式：邀请专家进行主题讲座。

为了让教师们从数学的源头去寻找互动教学的理论依据，形成新的理论高地，对解决教学问题的设想提供依据，了解本次"和雅有效互动体验课堂教学"研究的可行性，同时让教师们有意识地边学边实践，使实践经验和教学理念相互摩擦、相互碰撞出创新的思想火花，我们邀请了广州市第三中学高级教师黄殿林老师到校进行专题讲座，黄老师是《广州师训》编委，参与研究《新课程背景下发展性互动有效课堂教学模式》课题，对互动教学有深入的研究。通过黄老师的专题讲座，大家都认为课堂教学是一个互动的过程，在课堂上，互动的不仅是师生、生生，还有文本和学生等，这种互动意味着对话、参与、相互构建。同时全体参与主题教研的教师人手一本《新课程课堂教学探索系列"互动教学"》，通过理论学习，使参与主题教研的教师明白了"还学于生"是新课程的一大特点，是使课程、课堂回归学生本体的重要改革举措。在把学习的权利交给学生的基础上，教师知晓如何做到教学重心下移，应具备怎样的技能和素质，在自身角色上要逐渐实现哪些变化。"和雅有效互动体验课堂教学"研究的价值就在于其调动一切积极因素，改变了"虚假"互动和一言堂的状态，改变了长久以来死气沉沉的僵化的课堂，打造了崭新的以"自主、合作、探究"为文化特色的课堂。

2. 课堂观察记录

（1）第一节课例展示。

时间：2013年3月19日。

地点：多媒体室——五（3）班。

执教：巢老师。

内容：分数的产生和意义。

人员：全体数学教师及"和雅文化"课题成员、专家组成员

简要说明：本节课中学生的学习兴趣很高，互动教学的有效性有了大幅度的提高。自主探究、合作交流的方式，把学生引入研究性学习的氛围，使学生主动建构知识。生生互动得到充分的体现，让学生在互动中体验分数的意义，真正把握互动教学的实质，释放出教师的教学艺术。

（2）第二节课例展示。

时间：2013年4月17日。

地点：多媒体室——五（1）班

执教：王老师。

内容：长方体、正方体的体积和表面积的比较。

人员：全体数学教师及"和雅文化"课题成员。

简要说明：本节课以学生的自主学习为活动前提，营造自我探索、自我发现的学习环境。教师从学生的已有经验出发，让学生主动学习，唤醒学生的主体意识，让学生根据自己的能力水平提出问题、阐述问题、发表见解，由此在交流中获得知识，锻炼互相交往的能力，师生、生生在教学过程中的交互性得到充分的体现。

（3）第三节课例展示。

时间：2013年5月2日。

地点：多媒体室——五（2）班。

执教：吴老师。

内容：分数的基本性质。

人员：全体数学教师及"和雅文化"课题成员。

简要说明：本节课通过折、涂，学生动手、动脑、动口，人人参与学习过程，让学生观察三个图形来说明分数的分子与分母的变化过程，降低了难度。这样处理，既培养了学生自主探究的能力，又让学生亲历分数基本性质的形成过程，整个教学活动为学生提供了足够的活动时间和空间，形成了一个有机整体，使学生在互动体验的过程中获得知识，发展能力。

3. 集体评议、反思教学

反思教学是教研活动的关键环节，反思的形式有执教者的反思、同伴的反思，通过参加教研活动的不同层次人员的反思、讨论，形成集体智慧。

（1）执教者反思。

①巢老师：第一节课"分数的产生和意义"教学反思。

分数的意义是系统学习分数的开端，学生正确理解单位"1"和分数的意义是十分重要的。教学中我根据学生已学过的分数初步知识以及生活经验，提供丰富的感性材料，通过点拨引导，以图、数、形结合，排列整齐的板书，创设良好的情境，引导学生抽象概括出单位"1"和分数的意义，使学生从感性认识上升到理性认识。这样不仅有助于学生形成正确而清晰的概念，而且能教会学生学习数学概念的方法，有利于培养学生抽象概括的能力。本节课从传统的书本知识向学生的生活数学渗透，把学生的个体知识、直接经验看成重要的课程资源，从学生已有的生活经验出发，让学生亲身经历将实际问题抽象成数学知识的过程，并鼓励学生独立思考，从已有的知识经验入手，努力探索新知识，让预设的互动教学在实施过程中开放地纳入学生的直接体验中。

我们以学生为主体，教师为主导，教材为主要依据，采取启发引导自主探索的方式，帮助学生把握学习重点，突破学习难点。学生已有分数的初步知识，在教学"把单个物体看作单位'1'"时教师要少讲，采取学生自己一边分学具一边说出相应的分数的形式启发学生自己去创造学习；而教学"把多个物体看作单位'1'"时，由于此教学内容是新知识，需要采取有效的教学措施攻克这一难点，因此我们先以生活经验为突破口，让学生分8根小棒，理解分数的意义，以此为认知起点进行大量的互动体验学习活动。活动包括分6个小正方体说分数、分4粒黑棋说分数以及分12个小圆片说分数。教师引导学生明确一些物体可以看作单位"1"而进行平均分得到分数后,要创设环境让学生自己对手中的事物进行平均分,从中得到分数。学生通过独立思考,动手实践,合作交流,经历猜测、试验、推理、证明等环节,在足够的时间和空间中主动和富有个性地学习。对于数学知识的最终结论,不能仅满足于学生知道,而是要让学生亲手操作,在具体的互动体验中,真正做到知其然,还知其所以然。

②王老师:第二节课"长方体、正方体的体积和表面积的比较"教学反思。

本节课的数学知识具有高度的抽象性,所以我们在整理长方体表面积和体积计算方法时,先让学生动手操作,"解剖"长方体和正方体,展示出6个面和空间大小;通过比较分析,使学生深刻地体会"长方体和正方体各个面积之和就是这个长方体或正方体的表面积"这一知识点,抓住表面积、体积计算方法的关键,然后再让学生通过小组合作共同探索整理出表面积和体积的计算方法。在这一过程中我给予学生充足的时间,让学生充分发表自己的见解,在多种算法的交流中选择适合自己的算法,不但调动了学生学习的积极性,更有助于学生形成有效互动体验的学习方式,培养创新意识。

回想整节课,每一个学生学习数学的主动性都被极大地调动了起来,从问题的提出到交流,整个过程可以看到学生都在主动热烈地参与。新课开始面对教师的问题:"看到长方体和正方体,你想到了什么?想知道些什么?"学生的学习热情就被调动起来,良好的有效互动氛围让本节课有了一个良好的开端。在整理长方体表面积不同的求法时,学生智慧的火花不时地在课堂上迸发,有的学生以长方体两个相对的面为一组去分析,得到求法;有的学生把长方体的上面、前面和左面分为一组去求;还有的学生从长方体展开的平面图去求,对问题的思考具有创新性与独特性,思维的深度得到发展。总之在这节课上可以看出,学生对数学的情感是积极的,参与是主动的,学生在课堂上的有效互动获得多方面发展,同时也获得了有效学习。

③吴老师:第三节课"分数的基本性质"教学反思。

《义务教育数学课程标准(2011年版)》提出:数学教学应该是从学生的生活经验和已有的知识背景出发,向他们提供充分的数学活动和交流的机会,帮助他们在自主探索过程中真正理解和掌握基本的数学知识与技能、数学思想和方法，同时获得广泛的数学活动经验。我们都知道，学生把"分数的基本性质"纳入自己的认知体系中可能是残缺不全的、肤浅的。如何让学生的认识更深刻、更完整呢？本节课，我们创造机会，让学生的各种感官都参与学习，让学生获得丰富的感性认识，使抽象知识具体化、形象化。我们先让学生动手折一折、画一画，再引导学生观察、比较三幅图的异同之处，分数的分子、分母的变化过程，从而证实变化的规律。整个操作过程层次分明，通过折、涂，学生动手、动脑、动口，人人参与学习过程，让学生观察三个图形来说明概念，降低了难度。这样处理，既培养了学生自主探究的能力，又让学生在互动中体验分数基本性质的形成过程，那种"柳暗花明又一村"的感觉是愉悦的、快乐的、幸福的，也是终生难忘的。

"学生是学习的主人，教师是数学学习的组织者、引导者和合作者。"在互动体验教学中，我们以学代教，留足时空，让学生自主探索、合作探究。例如，当学生通过活动直观地从图形中感受到几个相等分数分子、分母的变化规律后，我们不满足于如此形象直观地归纳分数的基本性质，而是适时地进行抽象、提升，"刚才大家借助图形发现三个分数是一样大的。那么，你们还有其他的方法来验证它们的大小吗？请大家仔细观察这三个相等分数的分子和分母，你又能发现什么呢？"以此再次引导学生进入更深层次的互动体验学习中。学生通过互动交流，利用已学过的商不变的规律和分数与除法的关系，用旧知识来解释新知识，得出：

$\frac{3}{4}$=3÷4=（3×2）÷（4×2）=6÷8=$\frac{6}{8}$

$\frac{12}{16}$=12÷16=（12÷2）÷（16÷2）=6÷8=$\frac{6}{8}$

让学生通过独立思考、互动交流，运用已形成的"商不变的规律"的知识"类结构"进行"用结构"的迁移性尝试与应用，收放合理，层次分明，取得了很好的教学效果。在本节课上，我们一直努力为学生创造一个学习知识的平台，唤起学生学习的动机，激起学生学习的欲望，从而让学生在互动体验的课堂上不断生成促进课堂发展的教学资源，并在教师的巧妙引领下，使课堂尽显师生的智慧。

（2）同伴评议，共同进步。

我们要求全体参与主题教研的教师积极发表自己的想法，各抒己见，相互切磋，共同探索，从而迸发更多的灵感。教师虽然天天在上课，但听课的机会也不少，但我们发现每次反思性说课、评课时，教师要么不敢发表观点，要么说得很空泛，没有针对性，对自己或对执教者都没有实质性的触动。

因此，我们提出了这样的思路：每位教师围绕"创设有效互动体验课堂教学，提高教学有效性"以及前期准备时思考的问题做到有针对性地评课，也可以针对一个小点展开评论，要求理论与实际相结合，突出重点。每个人都要直言，不能一味地说"好、好、好"。教师的评价中要充分体现研究探讨的观点，可以对自己关注的问题进行重点评价。这样有利于执教教师快速从评课的环节中找到自己教学的缺陷，从而改进方法，减少自己摸索的时间，加快成长速度。同时听课、评课的过程，也是教师在教育同人的帮助下，反思、提高的过程，教师们的互动教学理念在讲评中升华，教研能力在讲评中增强，技能技巧在讲评中产生，业务水平在潜移默化中提高。同伴互评活动促进了互动教学效能的提升，还可以有效促进教师个体的专业发展，促进教师群体的成长，促进具有生命活力的合作文化和探究文化的形成。

（五）收获体会

这次"和雅有效互动体验课堂教学"主题教研活动，我们自我感觉是非常成功的，主题教研加强了有效互动教学理论学习的指导，用教育理念支撑课堂教学的实施。把教师的教学实践与理论研究融为一体，使教研过程成为促进教师专业发展、能力提高的过程，帮助教师尽快地、很好地把新课程理念转化为自己的教学行为，激发和调动教师的内在动力，让教研成为他们自觉自愿的行动。总结来讲，这次活动使我们产生了以下几个方面的体会。

1. 注重集体教研的作用，深入了解有效互动教学的本质

坚持"以校为本"的教研形式，以课程实施过程中教师所面对的有效互动教学问题为对象充分发挥学校和教师的作用。此次活动突出显示了集体教研的作用。发挥引领作用的不单是骨干教师，所有教师对于"和雅有效互动体验课堂教学"都发表了真知灼见。研讨时人人洋溢着激情，碰撞出灵动的思维火花，分享彼此的思考、见解和知识，交流了情感、观念与理念，从而达到共识、共享、共进，实现教学相长和共同发展。

2. 以课例研究为载体，注重实践，全面提高课堂教学水平

教学实践既是开展教学研究的平台和土壤，也是检验教学研究的一把尺子。本次主题教研活动以三节课例实践研究为载体，关注教师的课堂实践。在主题教研活动中，无论是教师个人，还是教研集体，都获得了丰富的教研资料，每一位教师都在积累的基础上实现了吸收、运用和内化，进而提高了自己的专业素质。

第三节 教师数学习题设计技能提升

一、练习题的含义与意义

数学练习，是数学教学活动的重要组成部分。学生通过练习，不仅能进一步巩固知识，提高技能，激发学习兴趣，培养良好的习惯，还能促进自身独立思考、创造性思维等能力的发展，因此，练习题的优劣，直接影响教学的成效。

能设计科学、合理的数学练习题是每位数学教师必须具备的能力。练习题的设计需讲究科学性与艺术性。在设计练习题时，数学教师既需要全盘考虑数学知识的系统性，习题的教育性、现实性，又要遵循学生的认知规律。所以数学练习题的设计不仅能体现一位数学教师自身本体性知识水平的高低，对教材解读能力的强弱，还能体现数学教师对学生学情把握的准确度等。

练习题是数学知识的载体，是对教科书的有效补充，是学生学习内容的有机组成部分，学生可以通过练习题来巩固自己所学的数学知识。练习题对学生的影响主要有以下几点。

（一）具有教育功能

任何一种教学活动，对学生的品德都会产生一定的影响，练习题也不例外。就练习题内容而言，我们可以通过健康、有益的内容选择，教育学生形成良好的品格。例如，通过调查学校一天浪费的粮食量，教育学生养成珍惜粮食的品质；设计体会分钟的时间长度的练习，教育学生形成提高办事效率、合理安排时间的良好习惯；等等。

（二）巩固知识、提升能力

一个习惯的养成需要三周左右的时间，同样，任何新知识的掌握，都需要一定题量的练习。在数学课中，几乎没有一节课是只讲不练的。适量的练习题可以使学生在操练中进一步理解、掌握数学基本概念、法则、公式、定律、性质等。在运用这些知识解决实际问题时，又可以提升学生获取信息、发现问题、解决问题等多项能力。

（三）诱发良好的学习动机

良好的学习动机是学生进行有效学习的基础，它能激发和促进学生学习能力的发展。而优秀的练习题设计能诱发学生产生良好的学习动机。例如，为了提高学生的计算、测量能力，教师可以利用人对自身构造的好奇心，告诉学生人体中存在着许多黄金比例。无须教师多要求什么，学生往往会不厌其烦地对自身各部分结构进行测量、计算，针对结果进行反思和方法修正，主动、积极地探索存在于自身的黄金比例。

（四）改善认知结构，构建良好的结构体系

数学知识具有严密性，练习题的设计也是在原有知识体系的基础上循序渐进的。学生在练习过程中知识点不断积累和丰富，对知识结构体系的认识不断改变和完善，从而构建出良好的结构体系。

（五）激发创造性思维

创造性思维以感知、记忆、思考、联想、理解等能力为基础，创造性思维的过程，离不开繁多的推理、想象、联想、直觉等思维活动。数学练习题的解答过程中往往包含了这些思维活动。设计巧妙的练习题不仅能激发学生的学习兴趣，还对进一步激发学生创造性思维具有一定的作用。

二、有效互动式练习题的类型与设计原则

（一）有效互动式练习题的类型

完整的一节有效互动课堂一般包括四类练习，分别是衔接式练习、提高式练习和综合式练习等。在具体教学中，我们可以根据教学内容和学生的具体情

况，有选择性地设计其中的几类练习。

1. 衔接式练习

衔接式练习指的是围绕新旧知识的结合处，设计一些既是原有知识的延伸，又是新知识学习的基础的练习。衔接式练习能降低学生学习难度，使其能明显感悟新旧知识之间的联系，从而顺利地学习新知识。例如，在教学"亿以内数的读法"之前，我们可以先出示"万以内数的读法"相关练习题，让学生先回顾旧知识，读一读：34、340、3400、304、3004。

在学生读并回顾出"万以内数的读法"（①从高位读起；②（千、百…）位上有几，就读几（千、百…）；③中间有一个或两个零，都只读一个零；④末尾不管是几个零都不读）后，我们可以抛出新知识，让学生自行尝试读一读亿以内的数。读一读34、340、3400、304、3004就成了新知识展开前的衔接式练习。

2. 提高式练习

提高式练习是通过变式，使学生在练习中进一步掌握新授知识的本质特征，从而培养学生思维的深刻性和灵活性的练习。例如，针对"速度×时间=路程"数量关系的教学内容，我们可以设计的提高式练习如下：

读读下面信息，说说已知什么，可以求出什么，并谈一谈它们与例题有什么不同。

（1）刘翔被称为"跨栏王"，110米跨栏最短用时12.8秒。

（2）尖尾雨燕是飞得最快的鸟。在印度东北卡查山地区的一次3.22千米的飞行中，用秒表测出它的最快时速高达353千米。

（3）一辆汽车行驶了3小时，平均每小时行80千米。

通过以上练习，能促使学生对"速度、时间、路程"三者之间的关系有进一步的了解，并能使学生深刻感悟三者之间的转化方式：速度×时间=路程；路程÷速度=时间；路程÷时间=速度。

3. 综合式练习

综合式练习指的是对多个知识进行整合的混合式练习。它的形式有两种：一是把新知识纳入旧知识体系中，使得新旧知识融合在一起进行整合性练习；

二是把多个新知识进行整合的综合练习。综合式练习可以提高学生的认知水平，使学生建立良好的认知结构。例如，针对"速度×时间=路程"数量关系的教学内容，可以提供的综合式练习如下：

（1）萱萱每分钟走60米，哥哥骑自行车的速度是萱萱步行的3倍，哥哥从家骑到商场买文具用时8分钟。

问：从萱萱的家到商场的距离有多远？

（2）王叔叔从县城出发去王庄乡送化肥。去的时候用了3小时，速度是40千米/时，原路返回时用了2小时。

问：从县城到王庄乡有多远？原路返回时平均每小时行多少千米？

题（1）是在新知识"速度×时间=路程"的基础上，融入了"一倍数×倍数=几倍数"的原有知识，新旧知识的融合练习，使得此题在基本题的基础上变成了稍微复杂的综合题。

题（2）是将两个新知识"速度×时间=路程""路程÷时间=速度"进行融合，使得学生要解决问题"原路返回时平均每小时行多少千米？"需要两次使用所学的新知识。

（二）有效互动式练习题的设计原则

1. 梯度分明

梯度分明指的是练习设计的难度呈逐渐递增的趋势。这样不仅有利于学生思维的提升，还有利于学生通过逐层的理解和对比，进一步掌握知识结构的变化，从而形成较为系统的学习网。

2. 针对性强

针对性强有两层含义：第一，能针对教学目标、重难点设计突破性的训练。这样不仅有利于学生巩固所学知识，而且可以克服思维表面化，从而培养学生善于发现的思维品质。例如，分内容进行"长方形、正方形的周长"和"长方形、正方形的面积"计算的新授课时，学生掌握情况是不错的。如果我们把两个图形的周长和面积放在一起，要求学生根据题意解决问题，不少学生就会将周长和面积的计算公式相混淆。所以，我们需要针对这个教学难点，设计针对性强的、成系列的练习题。第二，针对不同层次的学生，都有适合的练习题。受智力和非智力因素的影响，学生的学习可能出现参差不齐的分化现象。设计练习题时，教师要从学生实际出发，符合学生的知识和智能水平，难易适度。过易会使学生失去学习兴趣，过难会使学生不知从何入手，挫伤其积极性。因此，练习设计要分层。

第五章

整合信息技术，实现数学课堂高效互动

第一节　信息技术与数学课堂互动概述

一、信息技术对小学数学教学的意义

（一）可以激发学生学习数学的兴趣

兴趣对学生来讲尤为重要。对于很多人来讲，数学是一门枯燥无味的学科，这是由数学学科本身的抽象性和严谨性所决定的，加上教师传统教学方法的局限性，很多学生谈到数学就头疼。因此，只有激发学生学习数学的兴趣，使学生乐于学习数学才能发挥学生的主观能动性。信息技术在小学数学中的应用能够为学生呈现出一个立体的、丰富多彩和生动有趣的画面，利用信息技术能够将数学知识简单化、生活化、乐趣化，可以极大地激发小学生的数学学习兴趣。

（二）有助于拓宽学生视野，增强学生应用能力

数学教学应体现知识的来龙去脉，要与生活贴近，通过数学的学习、实验和研究引导学生将数学知识运用到实际问题的解决之中，能够拓宽学生的接触面，增强学生的应用能力。信息技术的网络资源是教学资源的延伸，小学数学中信息技术的应用能够将课堂知识贴近生活、贴近实际，结合小学生的生活环境和思维特点拓宽学生的视野，提高小学生在数学生活化中的应用能力。

（三）有助于提高学生合作学习的能力

信息技术的应用能够为学生提供一个更大的学习空间，可以帮助学生自主探究数学知识的规律，改变学生以往被动接受数学知识的局面，这个转变使得

学生能够相互展示学习过程和学习结果，相互之间更好地交流，共享心得，在相互探讨、相互分享的过程中提高数学的合作学习能力。

二、小学数学教学中信息技术应用的问题

信息技术对传统教学方式来讲是一次革命，使用信息技术进行数学教学难免会出现一些问题，主要有以下几个方面。

（一）使用信息技术教学的意识不强

在小学数学课堂教学中很多教师使用信息技术的意识较弱，只是在数学教学的公开课/观摩课或评优课上使用计算机技术，平时上课用得很少或根本不用，取而代之的仍然是传统的教学手段，无法发挥信息技术的真正优势。

（二）信息技术应用观念错误

一些教师错误地认为只要是在小学数学课堂上使用了计算机，将课本内容搬入计算机就是信息技术与数学教学的整合，而有的教师则过分追求信息技术的大容量和高密度，将过多的内容呈献给学生，忽略了对于学生独立思考能力的培养。这两个现象一个是简单化，另一个是复杂化，都不利于信息技术的作用在数学教学中的有效发挥。

（三）过于追求信息技术的技术手段

在小学数学课堂中一些教师一味地追求信息技术的先进性和形式的多样化。例如，有的教师过于追求动态效果，强调展示面的色彩，意图通过刺激学生的感官来激发学生的学习兴趣，然而数学是一门严谨性极强的学科，需要深入的思考，过于追求外在的刺激往往会影响教学的效果，转移学生的注意力，降低学生的关注力度和思考深度。

三、信息技术在小学数学课堂教学中的有效应用

信息技术的应用对小学数学无疑是一个巨大的推动，但是也存在着与传统教学方式相反的另一个极端，因此，对于信息技术的应用要合理取舍，不能从一个极端走向另一个极端，具体来讲需要注意以下几个方面。

（一）要保留传统教学方式的优点

确切来讲，信息技术在教学中的作用是教学平台的转变，由以往的黑板转变为计算机多媒体的白板，不管是黑板还是白板，教学的目的始终是不变的，那就是传授知识。因此，在小学数学教学中，信息技术的应用不能脱离传统的教学手段，要保留传统教学中教师的引导作用，通过教师的正确引导让学生亲自实践操作，达到利用信息技术提高数学学习的目的。

（二）信息技术要服务于数学教学

信息技术在小学数学中的应用为学生展示了很多形象思维的内容，能够刺激学生的试听感官，具有传统教学方式无法相比的优点，但是过分依赖多媒体技术会产生各种负面影响，会分散学生的注意力，不利于学生抽象思维能力的培养。例如，小学一年级"100以内的加减法"，有些教师在课件上设置了很多口算题，而且每道题目都有很多精美的图案背景，点击图案还能出现音乐或动画，虽然极大地丰富了教学形式，但是也分散了学生的注意力，加上小学生自制力不强，学生极易受到干扰，达不到教学目的，因此，信息技术的使用一定要以服务教学为目的，更好地促进教学目标的实现。

（三）信息技术的应用要注重实用性

在小学数学课堂中，信息技术的应用要从教学的内容和目的出发。教师要注重信息技术应用的实用性，在满足实用性的条件下再考虑贴近生活的美观性。教师与小学生之间的交流仍需要靠教师来引导，需要教师来组织和探讨问题，也就是说小学生的数学教学仍需要依赖于教师的主导作用，这种依赖是任何工具都无法替代的，因此，教师要运用信息技术发挥其辅助教学的特有功能，提高数学课堂教学的效果。

四、信息技术课堂互动化教学中遇到的问题及解决措施

在教学中，部分学生的自我主张意识较强，不按照教师所布置的内容和步骤进行学习，自行观看网站或视频，阻碍了教学课程的发展，影响了师生之间互动教学方式的开展。教师需要采用合理的处理方式，引导师生之间正确的

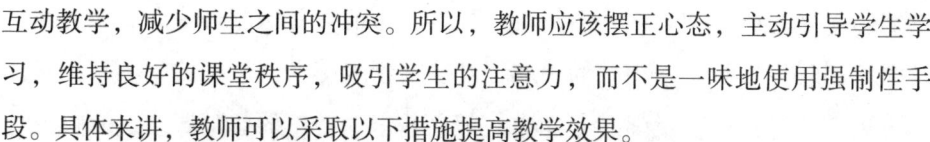

互动教学，减少师生之间的冲突。所以，教师应该摆正心态，主动引导学生学习，维持良好的课堂秩序，吸引学生的注意力，而不是一味地使用强制性手段。具体来讲，教师可以采取以下措施提高教学效果。

（一）引导学生树立主人翁意识，增强师生之间的互动

教师在使用信息技术辅助教学时，要重视学生的课堂地位，与每名学生都进行课堂互动，做到不忽视任何一名学生。例如，教师在开展课堂练习时，需要给予学生充足的练习时间，保证每名学生都能得到练习，引导学生重视自身的主体地位，提高学生的学习兴趣，保证教学效果。教师可以根据教学内容，布置自学部分，培养学生主人翁意识，培养学生的学习能力。

信息技术课堂的特点要求教师关注学生的实践操作。因此，教师可以采用常见的互动方式——小组合作，进行辅助教学，教师规定以小组合作的成绩作为评价的标准，这种方式可以提高学生之间的活动交流能力，增强学生实践操作的熟练性，加快教学的进度。

信息技术辅助教学的方式，从传统教育到"互联网+"下的变化，再到当前移动互联网时代已经发生了很大变化。信息技术课堂的互动方式也相继发生了很大变化。信息技术课堂互动要有一个创新的学习方式，灵活运用移动互联网连接的力量，让学习互动随时随地发生。学习互动不单单是阅读文字、听音频、看视频，教师可以利用教学平台进行教学内容与学习互动式课堂教学，课前准备大量的教学材料、教学资源，并且以丰富多样的载体形态，如短视频、微课、文章等将教学内容呈现给学生，让学生课前先预习，这样上课更有效。信息技术为教师课前的建设学习路径、创建学习内容、分配学习任务，课堂内的答疑解惑以及课后的反馈评估提供了良好的操作环境。

（二）锻炼学生的自主学习能力

教师在探索学习的过程中，要树立主导意识，尊重学生的主体地位，培养学生真挚的情感。教师在信息技术课堂互动化教学中，要创新教学模式，采用学生感兴趣的方式，增加互动教学，缩短师生之间的距离，使学生融入课堂教学中，通过自身的学习体会，提高学习成绩。在教学中，教师要注意

增加师生之间的眼神和语言的交流，根据学生的日常课堂表现，加强沟通，及时掌握学生关于学习内容的了解程度，使学生感受到教师的关心，在保持学习兴趣的过程中，增强学习能力。信息技术加持下的数学课堂，能够改善传统教学模式枯燥乏味的弊端，改善教学环境，利用互动情感这一支点，传播教学内容，营造一个平等交流的环境，提高学生的学习效率，增强教学效果。

第二节 信息化环境下小学数学课堂互动教学策略

一、小学数学课堂信息技术互动教学存在的问题

随着计算机技术的飞速发展,信息技术已全面渗透到基础教育中,许多中小学都加大了信息技术应用力度,以最大限度发挥信息技术的优势,取得最佳教学效果。在信息技术装备不断完善、信息技术利用方法日益多样的情况下,小学数学教学效率有了显著提高。但是,在小学数学教学中,信息技术应用问题也是客观存在的。

(一)教学内容被严格局限在教材范围内

绝大多数教师在信息技术利用方面,无论是网上搜集资源还是多媒体教材设计,大都拘泥于课本,严格按照教学大纲来进行,缺少变通,缺乏课堂延伸和拓展意识。

(二)不重视师生互动

信息技术应用到小学数学教学中后,许多教师都将注意力集中于多媒体课件设置与演示上,忽视与学生的互动,使得课件演示喧宾夺主,学生地位被动,师生交流和课堂有效性也因此受到影响。

(三)忽略教学情境设计

与历史、语文等学科信息技术教学相比,数学信息技术课堂教学最常见的问题是不重视教学情境设计,如在三角形知识的教学中,许多教师都能利用多

媒体进行知识的系统讲述，但是难以做到知识的形象展示。长此以往，难免会导致学生认知缺陷，影响其数学情感的养成。

由上述可知，小学数学课堂信息技术教学问题是客观存在的，要想最大限度发挥信息技术的教学优势，教育工作者必须正视信息技术教学存在的问题，积极探寻解决问题的方法。

二、小学数学课堂信息技术互动教学优化策略

（一）利用信息技术，丰富教学内容

丰富的学习资源是教学的前提，利用信息技术补充教学内容，优化课堂教学结构，是数学课堂信息化发展的必然结果。因此，在信息技术环境下，教师可以利用信息引擎检索、查找、搜集课堂教学所需要的材料，获取丰富、全新的教学资源，充实课堂教学内容，提高课堂教学信息量。此外，教师还可以指导学生进行相关学习材料搜集，提高学生探究学习能力。这就要求小学数学教师改变传统的数学教学理念，一方面用先进的教育理论知识和设备武装自己，另一方面围绕教学目标开展以学生为主体的教学活动，积极利用信息技术提高课堂教学质量，培养学生自主学习能力。

例如，在"图形与几何"知识教学前，结合教学难点、重点去网上搜集教学案例、课件、数字化教材等教学资料，然后进行导入环节、视算训练、教学过程设置，丰富备课内容，提高备课质量。同样，还可以指导学生利用网络检索新概念的意思、新知识学习要点，锻炼学生动手能力，调动其学习积极性。此外，教师还可以将信息技术与传统教学手段叠加起来，如图片演示加讲解、多媒体过程演示加小组模仿游戏等方式，实现课堂教学的目标化、趣味化、科学化。

（二）创新导入设计，激发学生兴趣

良好的开端是成功的一半。在小学数学教学中，教学导入是最基本也是最重要的一环。良好的导入应具备以下特点：能激发学生学习兴趣，唤起学生求知欲；能针对不同的教学内容和教学对象，选择不同的导入方式，为课堂教学做好铺垫；导入方式新颖有趣，而又充满知识性；导入能面向全体，既

有展示，又有深度。为了提高导入有效性，小学数学教师在教学中要大胆创新，利用信息技术进行反常规教学，设计课堂活动，将一些较难理解的内容借助导入的形式形象地呈现出来，提升学生的学习体验。例如，教师可以利用信息技术进行导入设计，化静态知识为动态形象，激活课堂氛围，培养学生学习兴趣。

例如，在小学数学"10的认识"教学导入设计中，教师可以利用视频播放器将从0~10的数字幻化成卡通人物，然后通过1与0的合作、9与10的对话、数字队列游戏等方式，开展数字教学，创设活跃的课堂情境，加深学生对知识的理解。同样，在小学数学"角的认识"教学中，教师也可以利用信息技术开展导入教学。先用图片加音乐的方式展示三角形的旗帜、道路标志、风筝等图像；然后用"寻找角娃娃"的视频游戏开展导入教学，让学生将视频中的"角娃娃"找出来，并指出它们是哪种角。借助动画和故事激趣的导入方式，教师既能为接下来的教学做好铺垫，还能有效激发学生的求知欲，这对教与学来说都是有利的。

（三）多样安排教学，提高教学效率

教师的教学方法可给教学效果带来直接影响。教师运用有效的教学方法进行知识讲解、重点演示、情感引导，可引导学生认真听讲、细心观察、深入思考。教师尊重学生情感，鼓励学生问难质疑，可提高学生参与意识。相反，单纯的"灌输式"教学和"填鸭式"教育，只能招致学生反感，打击学生的学习热情。小学生正处在思维的初级养成阶段，抽象思维能力较弱，对形象思维较感兴趣。为了解决小学生思维的形象性与数学知识的抽象性之间的矛盾，在信息技术环境下，小学数学教师在教学中要巧用信息技术，进行教学情境创设，进行多样教学安排，向学生渗透数学转化思想，有意识地引导学生发现问题、思考问题，为学生的自主学习提供有利条件。

（四）突出重点、难点教学，加深学生理解

小学数学课程标准指出：小学数学教学不但要使学生增长知识，还要培养学生发现问题、解决问题的能力，促进学生的智力发展。以此为指导，数学教师要将教学的主要精力放在学生的数学能力培养和智力培养上，积极调动学生的积极性，引导学生进行自我学习和探究学习。教师要想切实提高学生数学能力和智力水平，有效的办法之一是深挖教材，积极开展各章节重点、难点的有效教学，提高学生解决问题的能力。信息技术教学具有生动、形象、丰富等特征。利用信息技术进行辅助教学时，教师要积极利用信息技术在动态演示、情境设置方面的优势，进行重点、难点讲解，以突破教学难点，取得事半功倍的教学效果。

（五）利用信息技术，增进课堂交流

数学课堂教学，仅靠课堂讲解是不够的，要想让学生真正掌握课堂知识，还要做好课堂练习和课后作业安排，引导他们主动发问。课堂提问、游戏、比赛等师生互动、生生互动形式，是激发学生学习兴趣的有效途径。因此，在信息技术环境下，小学数学教师在教学中要善于利用信息技术发起教学互动，加强师生交流。具体来说，教师在课堂上要积极利用声音、文字、图像等信息技术教学形式，使课堂活跃起来，引导学生参与到课堂交流、合作和讨论中去。

第三节　整合信息技术，实现数学课堂高效互动教学案例

一、案例描述

随着科技的发展，信息技术对学科教学的辅助功能日渐强化，在创设体验情境、突出重点方面给予教师更多的选择，使教师可以按需要进行取舍，增加了课堂教学有限时间内的更大量的互动交流。本节以六年级上册"扇形统计图"的教学为例，对整合信息技术与学科教学促成高效课堂教学进行了尝试与阐述。

《义务教育数学课程标准（2011年版）》中指出：义务教育阶段统计与概率学习的核心目标是发展"数据分析观念"，应该在亲身经历的过程中体悟，以及在此基础上，对于统计与概率独特的思维方法和应用价值的认识。六年级上册"扇形统计图"是统计与概率知识学习的最后一个知识点，除了新知识学习的任务外，还负有对三种不同的统计图进行综合比较的任务。在本节课的教学中，我们通过整合信息技术与学科教学，有效地实现了培养数据分析观念的目标。

（一）教材分析

本单元的学习是在学生经历过简单的收集、整理、描述和分析数据的过程，能用条形统计图与折线统计图表示数据，并做简单的判断和预测，掌握百分数的相关知识等的基础上进行的。本单元教学目标分为三个层次：第一，了

解扇形统计图的特点与作用；第二，能读懂扇形统计图；第三，知道同样的数据可以有多种分析方法，能根据需要选择合适的统计图。《义务教育数学课程标准（2011年版）》对于第二学段统计与概率知识的教学要求"指出经历简单的收集、整理、描述和分析数据的过程（可使用计算器）"，也就是本单元的教学应该把重点放在经历与体悟的过程上，而不是简单地计算与画统计图。

（二）教学设想

基于上述分析，本课的教学策略包括：学生自主互动；在自学新知识的基础上，经历扇形统计图的形成过程；在亲身经历中体验，培养数据分析观念。具体流程如下：①根据学生已有的经验，出示提纲，让学生自学扇形统计图的概念与特点；②小组互动讨论；③全班汇报，形成扇形统计图的概念，明确扇形统计图的特点；④运用教师制作的教学课件，现场统计并形成《六（3）班同学最喜欢运动项目统计图》。

（三）课件设计意图

（1）让学生经历扇形统计图的统计、整理、制作的过程，培养学生的统计思想。

（2）整合信息技术优势，通过自动生成几种的不同的统计图，并进行分析对比，体会扇形统计图的特点与不同之处，培养学生对统计知识的应用意识。

（3）通过实践操作，让学生体验科学技术的高效与实用价值，培养学生创新意识。

（四）课件制作

运用Excel电子表格的工作表间引用的交互功能，制作扇形统计图软件。软件共设6个工作表：《统计表1》显示所统计的原始数据；《统计表2》显示原始数据及所占百分比；《扇形统计图》显示根据百分比所形成的扇形统计图；《条形统计图》显示根据数据形成的条形统计图；《折线统计图》显示根据数据形成的折线统计图；《三种统计图的对比》同时显示三种统计图，进行相互比较。

说明：其中后5个工作表的内容是根据表间引用的交互功能自动生成的，按

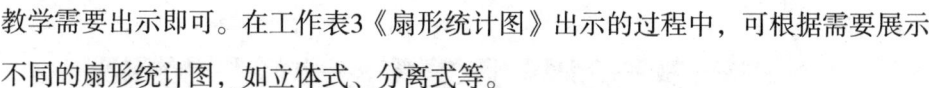

教学需要出示即可。在工作表3《扇形统计图》出示的过程中,可根据需要展示不同的扇形统计图,如立体式、分离式等。

(五)教学节选(学生完成扇形统计图概念特点的学习后)

教师:大家喜欢运动吗?这样吧,咱们六(3)班有41位同学,我们现场统计一下,也来制作一个扇形统计图,好不好?

学生(小声议论):这个扇形统计图怎么画呢?

学生:是啊,我们不知道这些扇形要画多大。

教师:嗯,这样吧,老师之前用电子表格制作了一个小工具,只要你们能准确统计出各项数据,并且准确计算分析各项数据的百分比,这个小工具就能帮助我们马上画好这个扇形统计图,怎么样?还有困难吗?

学生:没有!

教师:下面我想请三位同学当助手,为了保证统计准确,其中的两位助手负责统计人数,第三位同学负责在电脑的表格上输入数据,其他的同学则配合做好统计以及百分比的计算工作,可以吗?

学生:可以。

教师:现在还要解决两个问题:既然是最喜欢的运动项目,那么每位同学应该选其中几项报名呢?(一项)那请大家观察屏幕上的统计表,选好自己最喜欢的一项运动。第二个问题:为了方便快捷而且有秩序,我们用什么方式进行统计呢?(举手统计)那好,现在就开始吧!

学生开始进行统计并计算,完成填表,气氛活跃,很快完成了统计表,教师操作软件显示在另一工作表中自动生成的扇形统计图(图5-1)。

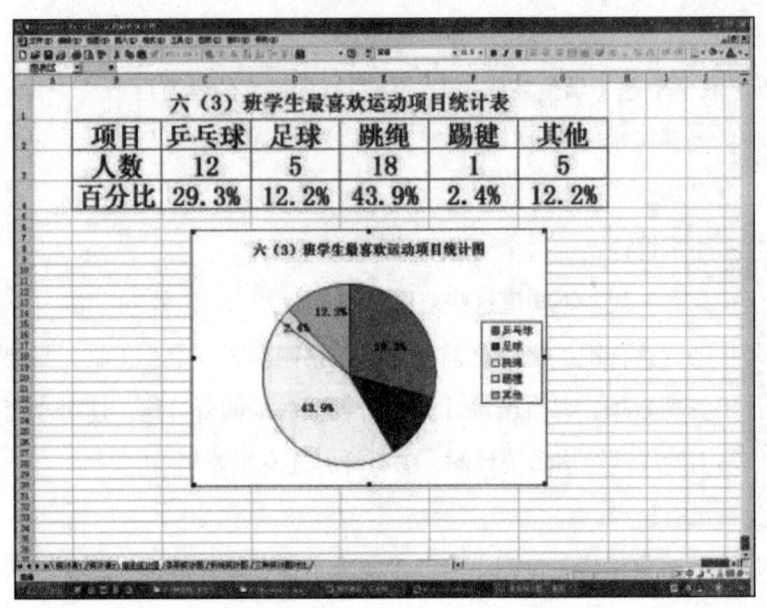

图5-1　自动生成的扇形统计图（一）（图片来源：作者提供）

……

教师：通过刚才的活动，我们已经成功地制作出了《六（3）班学生最喜欢运动项目统计图》，同学们的活动很有效率！现在我们观察，你认为扇形统计图好看吗？它的特点是什么？

学生：我觉得用颜色表示各部分数挺好看。（全班学生笑）

学生：可以清晰地看出各部分数占总数的百分比。

学生：可以很清楚地看出哪部分数占的百分比最多。

教师：是的，扇形统计图可以清楚地表示各部分数和总数之间的关系。其实，扇形统计图不单单有我们现在看到的这种形式，它还可以制作成另外的一些形式，想看吗？

学生：想！

（教师操作软件，把扇形统计图变换成不同的形式，学生兴趣深厚，积极提问，部分学生要求亲自操作。）（图5-2和图5-3）

图5-2 自动生成的扇形统计图(二)(图片来源:作者提供)

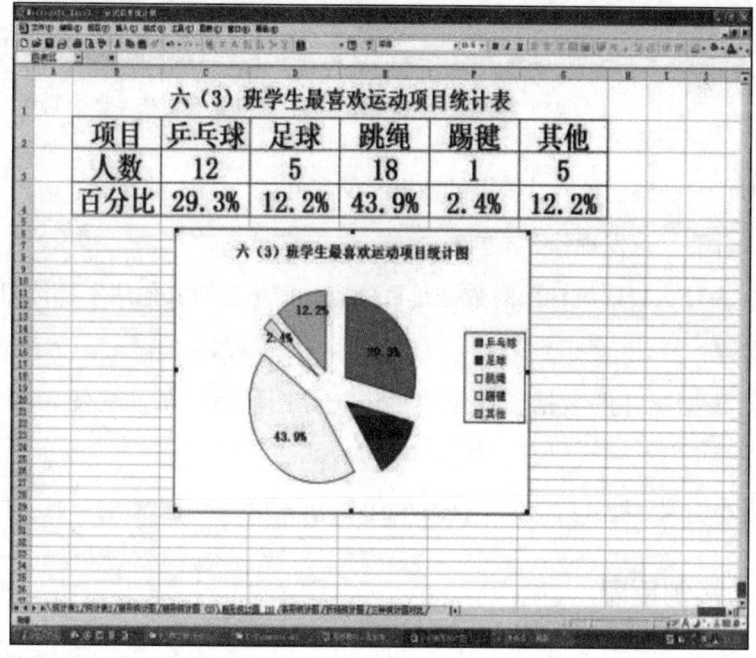

图5-3 自动生成的扇形统计图(三)(图片来源:作者提供)

……

教师：回想一下，我们还学过其他的统计图吗？根据我们刚才统计的数据，能分别制作成条形统计图和折线统计图吗？好，下面我们运用这个课件，已经分别制作出条形统计图以及折线统计图，大家想看看吗？（图5-4）

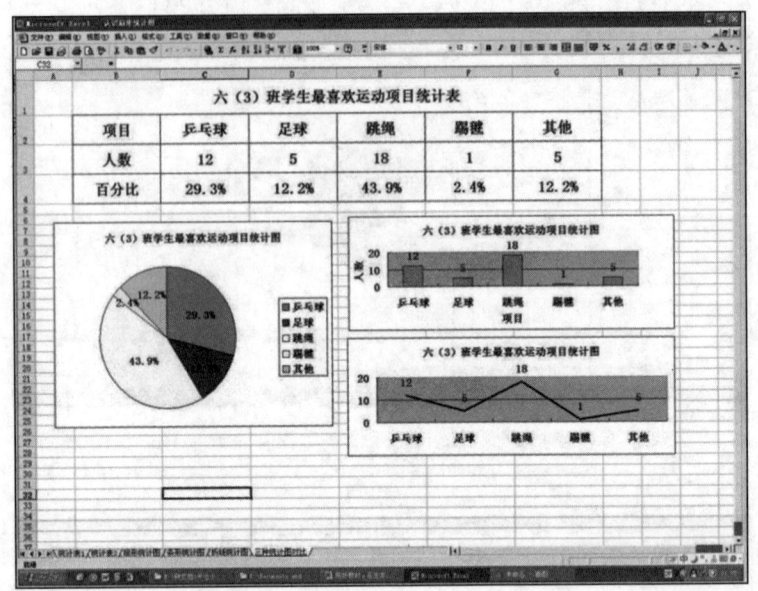

图5-4 自动生成的多种形式统计图（四）（图片来源：作者提供）

教师：请观察三种统计图上的数据，回答问题。

（1）你有没有发现什么不同？

（2）为什么扇形统计图的数据是百分比，而不是跟其他两个统计图一样用实际人数呢？

（3）根据统计的数据，你觉得哪个统计图所表达的意思更清楚呢？为什么？

请各小组课后展开讨论，并且做好记录，咱们下一节课继续探讨这个话题。

二、案例反思

反思本课的实施过程，我觉得在整合信息技术与学科教学方面，应该做到以下几点。

（一）强调体验情境的创设，突出重点

扇形统计图是义务教育阶段的一个重要知识，培养学生数据分析观念是教学的第一个重点。本课在学生初步构建起扇形统计图的数据分析模型后，利用信息技术，创设体验情境进行实践操作，让学生经历扇形统计图的数据统计、分析与计算的过程，加强对扇形统计图概念与特征的理解，学生在亲身体验中感知扇形统计图的特点，使扇形统计图的表征以及运用意识与能力都得到强化，为后续的知识应用打下坚实基础。

知道同样的数据可以有多种分析方法，能根据需要选择合适的统计图是本单元教学的第二个重点。本课利用信息技术，把同样的统计数据，用扇形、条形以及折线三种统计图进行统计，并引导学生对三种统计图进行观察与比较，引发学生的思考：刚才我们统计的数据，运用哪个统计图进行分析更合适呢？这样既培养学生形成良好的统计习惯，也通过对不同统计图之间的比较，让学生对小学阶段所学的三种统计图有一个整体的感知，帮助学生完成知识的构建。

（二）按需取舍，扩大信息量输出

通过信息技术的整合，我们可以对一些不需要学生掌握的、较难达成或者烦琐的计算等因素进行取舍，突显重点内容，并且增大信息的传输，在课堂学习的有限时间内取得高效的教学效果。很多教师在处理本课教学时，虽然知道教学的重点是让学生经历过程以及对三种统计图进行比较，但是，因为计算与制图是呈现统计图所必需的前置过程，而课堂教学时间有限，无法实现对即时统计数据进行不同方法的分析。本课运用Excel表格的功能，舍去烦琐的计算和制作统计图的过程，使重点内容得以很好地实施，同时，还展示了不同形式的扇形统计图，加大了相关信息量的传递，使教学更高效。

随着科技的发展，通过整合信息技术与学科教学促成高效课堂教学，将会是未来数学课堂教学的发展趋势。

第六章

造就高效互动课堂教学设计

第一节　用"评价标准"指导课堂教学的备与讲

一、案例描述

《广州市义务教育阶段学科学业质量评价标准》(以下简称《评价标准》)的实施,把终结性课程目标细化为不同年级、不同单元的过程性目标,把规定的课程总目标细分为若干可操作目标,为课堂教学提供参考底线,是极具操作性和指导性的一套教学指导标准。通过学习《评价标准》,教师能正确把握教学尺度,规范学业评价行为,更清晰地检测学生课堂学习的目标达成状态,特别是可以从整个义务教育阶段的高度来衡量某个知识领域、某个知识点在从低到高不同年级的层层递进的要求,为我们优化教学设计和评价方式、优化课堂教学、加强教学反思提供了依据。通过"找点、划线、挂联、分解和借鉴"等方式,我们在备课、上课、听课、研讨等各个环节中,找到了很好的依据和着力点。

在我校吴老师执教的教研课"圆柱的表面积和体积练习课"中,我们备课组结合运用《评价标准》和教材以及"教师教学用书",在本课的备、讲、评、研、改等各个环节做了非常有价值的尝试。

"圆柱与圆锥"是小学阶段数学"空间与图形"领域的最后一个单元,其中圆柱的表面积和体积计算是重要内容之一,教学圆柱的表面积和体积计算后,我们有针对性地设置了一节对比性练习课。在认真研读课本和《评价标准》、教师教学用书要求的基础上,首先由备课组成员与执教者吴老师一起,对知识进行了如下梳理：从知识的生成、前后知识联系等方面考虑，把圆柱的特征与表面积和体积的计算等知识作为本练习课的内容，而表面积和体积的计算公式及运用则为重点，主要手段是通过对比、联系等方法，深化学生对表面积与体积计算公式的认识与合理运用。

吴老师初次备课后，备课组初步研讨教学设计，并进行了第一次试教。根据"以学定教"的原则，备课组针对试教的情况进行了第二次研讨。

（一）第一步

我们对试教的各个环节中课堂的学习氛围以及学生表现出来的学习状态进行了回顾，归纳出以下两个环节出现问题。

1. 以练促忆

出示茶叶罐（图6-1）问：

（1）做这个茶叶罐要用多少硬纸板？

（2）能装多少茶叶？这两个问题分别是求圆柱的什么？怎样计算？

教学中，该问题花费时间太多，挤占了后续练习的时间，而且效果不理想，且大多数学生均有参与不足的现象。

原因分析：此题综合性强，要先量出数据，再列式计算，整个过程占用了大量的时间，使整体教学受到时间的限制。

图6-1　茶叶罐（图片来源：作者提供）

2. 以练促伸

用塑料绳捆扎一个圆柱形的蛋糕盒（图6-2），打结处正好是上面圆心，打结用去绳长10厘米。捆扎这个盒子至少用去塑料绳多少厘米？

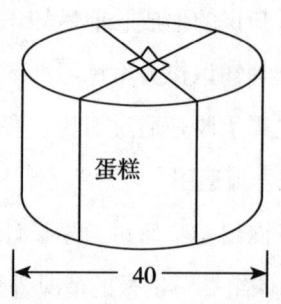

图6-2 蛋糕盒（图片来源：作者提供）

学生很轻易就能完成本题，并没有起到对本节课练习内容的延伸作用。

原因分析：以练促伸，是本节课教学内容的拓展延伸，起总结与提升的作用。应以较综合的形式及略高的难度进行，使学生对本课练习内容形成综合的系统性认识，同时让部分学有余力的学生有提高的空间，本题求的是绳子长度，与本课的内容联系不明显且综合性不强。

（二）第二步

对教材、《评价标准》和教师用书进行再学习，重点是分析《评价标准》对本部分内容的评价要求尺度如何。经过比对，三种资源中对圆柱的两大知识点"圆柱的认识"与"圆柱的表面积与体积的计算"的教学要求略有差异，对这些要求进行再三的研究与思考后，我们重新确立了本课的几个知识点的练习要求：

（1）圆柱的认识与圆柱表面积计算公式推导过程相结合，加深学生对公式的理解。

（2）对圆柱体积计算公式的教学要求是掌握并且会运用。

（3）本课的教学应加强圆柱表面积与体积的联系和对比，使学生对两个知识点之间的关联有进一步的理解。

（三）第三步

我们按上述三点要求，重新修改每个环节中的练习题，再进行第二次试教，试教的效果非常好。

广州市教研室黄宪主任提到数学概念教学时说："要学会用对比方法认识概念之间的区别和联系，进一步理解数学的内在规律和这些规律的来源，从而切实掌握、灵活运用。"在本课的试教与研讨过程中，我们运用"找点"和"划线"的技能，较好地解决了几个知识点间的主次关系，通过"分解"和"借鉴"，弄清了本课重点内容的着力点，成功设计出综合性强的延伸题，较好地实现了"拓展应用，知识延伸，形成系统"的目标。在前后几次评教案和评试教的过程中，备课组结合《评价标准》、教材与教师用书来进行设计与评议，收到了很好的效果。

二、案例反思

在这个过程中，我们感觉特别深刻的是以下三个方面。

（一）根据《评价标准》把握教学要求

教材是教学的最重要资源，是课程的物化形式。教师要在充分分析教材的基础上，挖掘教材的教育教学价值，使教育教学行为有踪可寻，有的放矢。但是，在教材的同一材料中，往往有多个学习点，课前备课时，必须依据教学目标与学情，确定教与不教、精教与略教，使课堂教学内容更精练到位，学习任务更具体清晰。例如，上述例子中，我们在试教后研讨时，重点根据《评价标准》对本节内容的要求，认为量度茶叶罐的有关数据再计算这个要求难度较大，超出一般教学要求，不应该在促忆的环节且面向全体学生提出。所以把这个要求删去，改为直接给出条件，并安排到练习应用环节实施，原题更改为"以练促用"。

假设茶叶罐底面直径是8厘米，高是10厘米，提出以下问题：

（1）在这个茶叶罐的四周贴一圈商标纸，需要多少平方厘米的商标纸？（只列式不计算）

（2）这个茶叶罐能盛放多少茶叶？（茶叶罐的纸皮厚度忽略不计）（只列式不计算）

设计意图：创设实物情境，培养学生运用所学知识结合实际情况考虑问题的习惯。

例题经过修改之后，重新回归了基本的要求，练习的目的更清晰，成功去掉了干扰因素。

（二）参照《评价标准》的示例，设计适用的练习题

黄宪主任这样定义《评价标准》的示例："评价示例是以实例的方式，对标准的要求做更具体的说明或限定。"在备课组研讨时，我们注意到《评价标准》第165页例17是这样的：一个圆柱形铁皮水桶（无盖），从里面量得底面半径是1分米，高2分米。做一个这样的水桶至少需要多少铁皮？这个水桶最多能装多少升水？示例很好地展示了圆柱体表面积与体积两个知识点间的关系，根据这个认识，我们对本课的各环节练习题组设计进行了重新修改，参照示例17，我们还重新设计了延伸题（图6-3）：

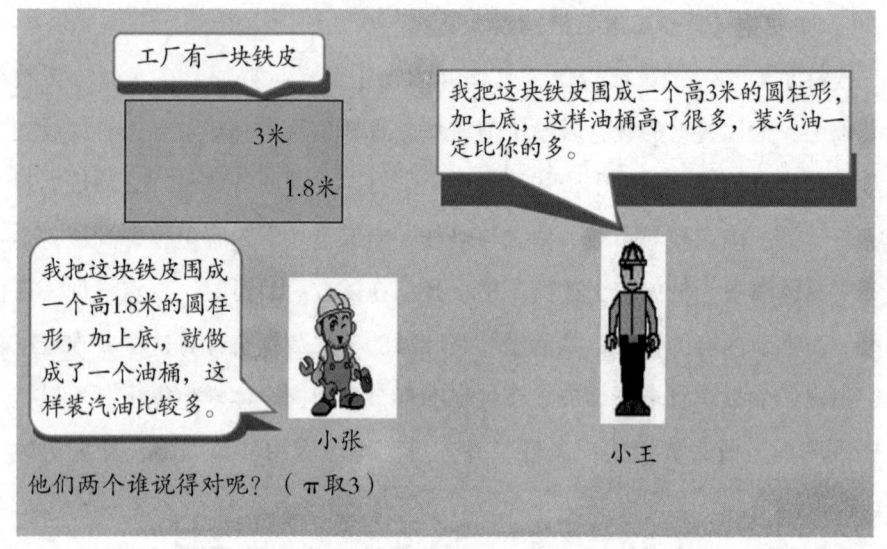

图6-3　延伸题（图片来源：作者提供）

设计意图：

（1）对侧面积相同的两个圆柱形油桶容积大小进行比较，避免学生形成不良思维定式。

（2）对圆柱表面积与体积之间的联系与区别进行综合性练习，让学生更系统地掌握本课的主要内容。

（3）培养学生的思维灵活性，使学有余力的学生得到更好的锻炼。

正是因为《评价标准》的示例导向，我们抓住了圆柱表面积与各种平面图

形、圆柱表面积与体积之间的关系，以及生活中的圆柱表面积与体积知识应用等，很好地达到了以练习促理解、促应用能力培养的目的。

（三）《评价标准》应与教材和教师用书相结合

黄宪主任在谈到学业质量评价标准的定性时，称之为"基准评价——地区统一的特定年级学生学科最低水平的描述和指标体系（这是由义务教育性质决定的）"。由此可知《评价标准》给出的是学习基本标准。但是，学生是存在极大能动性的群体，同一个班里面会有无数的可能，同一个学生也会在不同的时间和场合有不同的表现。所以，我们实施标准，设计面向全体的习题，让学困生掌握知识，享有体验成功的机会，同时，我们也不能忽略部分学习能力较强的学生，怎样让这些学生"吃好、吃饱"呢？在上述例子中，我们就做了一次有效的尝试，在《评价标准》的基础上，参考教材与教师用书，对所教的内容设立不同层次的要求，满足了不同层次学生的学习需要。

在《评价标准》中，本课的教学要求为掌握圆柱的侧面积、表面积的计算方法，以及圆柱体积的计算公式，会运用公式计算体积，并解决有关的实际问题。

而在教师用书六年级第二册中，本单元的教学目标则为："探索并掌握圆柱的侧面积、表面积的计算方法，以及圆柱、圆锥体积的计算公式，会运用公式计算体积，解决有关的简单实际问题。"比较之下，我们不难发现，教师用书中的教学目标定位比较高，它要求学生对圆柱的侧面积、表面积以及圆柱的体积计算公式进行探索，并掌握和应用。所以，我们应该处理好教学要求，按最低标准设置全体学生过关的练习，同时也按较高的要求设置一些提高练习，使课堂学习达到人人有所得，人人都能学得好的效果。

《评价标准》把义务教育阶段的所有知识点，按照"数与代数""空间与图形""统计与概率"三大领域分类，详细介绍了每一领域在每册的学习内容、教学知识点与示例，并对每个知识点设定详细的评价要求，给出具体的评价示例。这样就让我们能很好地抓准每课的基本知识点，准确订立教学重点和难点。可以说，《评价标准》为我们提供了实实在在的帮助，是我们准确把握教学要求、提高备课讲课技能的最好台阶。

三、学标用标，有效促进科组教师专业发展

科组既是学校教学与研究的最基层单位，也是学校教学与研究的最重要实施者，对于单个的教师来说，"教而不研则浅，研而不教则枯"，而对于科组，则更强调理清教学与研究之间的关系，并且使两者得到有机的结合，使科组全体教师既是教育者，同时也是学习者、研究者。这样的教中研模式，可以使全体教师保持活力，持续发展，如此，在促进教师自身专业发展的同时，也促进学校教学质量的进步。然而，科组教研方向应该如何把握才更有效呢？《评价标准》的实施，为科组教研工作提供了很好的方向，为课堂教学提供了尺度与规范，为我们优化教学设计和评价方式、优化课堂教学、加强教学反思提供了依据，使我们可以更清晰地检测学生课堂学习的目标达成状态，特别是可以从整个义务教育阶段的高度来衡量某个知识领域、某个知识点在从低到高不同年级的层层递进的要求。

（一）加强对《评价标准》的学习，提高教学认识

一直以来，教师都在沿用教材、教参这两种资源进行教材研究与备课，然而，对于如何把握整个小学段的知识点分布情况、每个学段的教学要求、每个教学段的每一个知识点的教学在整个小学段的教学中的地位与要求等都不会有太大的研究，甚至很多教得比较好的教师也只是停留在从教材、教参两书中被动接受的层面。

但是，《评价标准》对整个小学阶段的教学要求和知识点分布都做了一个较明确的阐述，把终结性课程目标细化为不同年级、不同单元的过程性目标，把规定的课程总目标细分为若干可操作目标，为我们的课堂教学提供参考底线，是极具操作性和指导性的一套教学指导标准。通过学习《评价标准》，教师能正确把握教学尺度，规范学业评价行为，更清晰地通过"找点、划线、挂联、分解和借鉴"等方式，在备课、上课、听课、研讨等各个环节中，找到很好的依据和着力点。

我们科组组织教师认真开展了对《评价标准》的学习，使教师们通过标准

的学习，进一步明确各学段教学的目标与要求，使教学更规范有效。为了使教师们重视对标准的学习，我们还按教研室的要求，规定教师们参加教研活动要备教材、教参以及《评价标准》。

（二）在教研磨课当中细化对《评价标准》的运用

所谓磨课，就是对教师的课堂教学过程进行精心的打磨，使课堂教学能展示出自己的特色与精彩。一堂好课的产生，只靠教师自己单打独斗是不现实的，这时候就需要科组教师的协调合作与互相促进。特别是我们学校目前还有一批青年教师与没有形成自己教学风格的教师，对于他们来说，科组的帮助无疑是最迫切的需求。因此，我们科组一直把磨课作为促进这部分教师早日成长并形成自己的教学特色的重要手段。在明确要求这部分教师制订自身发展规划的基础上，我们结合对《评价标准》的学习，发挥本校骨干教师和学科带头人的作用，成立教研小组，重点对一部分有潜力的青年教师和教学上有困难的教师进行跟踪指导，落实到课堂教学中，对他们的课堂教学进行有效的促进。在这个过程中，《评价标准》的学习使磨课发挥了更大的作用。例如，我校的吴老师有一定的教学经验，教学上有自己的想法，我们觉得可以通过教研小组的帮助促进其形成自己的教学特色，从而迈上一个更高的台阶、于是由钟副校长、苏主任、麦老师等教师组成了磨课小组，对吴老师进行了形成个人教学特色的扶持行动。在与吴老师充分分析教材、教参的基础上，首先由其自行备课，然后教研组对首次备课进行研讨，在教学目标的制订、教学策略的使用、学生的学习情况分析等方面提出了建议，再由吴老师根据这些建议进行修改。在这个过程中，我们根据《评价标准》中对本课教学的要求以及与教参等的对照，使吴老师进一步明确的教学要求；然后教研组成员参与了吴老师的第一次试教，按照之前定下的目标，教研组教师在听课的时候，主要针对以下三点进行记录和思考：第一，吴老师在教学中有没有发挥出自身的优势，有没有可改进的地方？第二，对学生学习的引导是否到位和有效？第三，还可以怎样进一步完善和改进？试教后，大家各抒己见，对吴老师提出很多的宝贵意见，特别是教研组成员提出的很多意见，都使吴老师觉得很有启发，认为对其自身的教学有很大的帮助，研讨气氛活跃有成效。在经历了二次备课和二次试教还有三次备课和试教的过程后，吴老师的课堂教学技能明显提高，在教学重点的把握与教学细节的运用方面尤其有成效，基本形成了较明显的特色。

2012年，我们在对比科组各教师成长规划与教学实际情况后，决定重点帮扶在教学上还存在一定困难的许老师和黄老师两位青年教师。我们成立了两个帮扶小组，第一小组由钟副校长与数学科组长和中高年段备课组长组成，重点帮扶许老师；第二小组：由苏主任与低年段备课组长组成，重点帮扶黄老师。两个小组的成员参照上学年教研小组的成功做法，通过备课—试教—研讨—再试教—再研讨整个流程进行指导与帮扶。因为两位教师均是在教学中存在一定疑惑的教师，所以我们的帮扶重点在于诊断和对症下药，即针对备课过程中的备教材、备学生、备教法，课堂教学中的重点能否把握好、难点问题能否突破、语言的运用，甚至与学生之间的交流效果等方面，做好记录并且提出有建设性的建议。因为两位教师的起点不是很高，我们在帮扶的过程中，强调帮扶小组必须带领两位青年教师充分钻研教材、教参，特别是要结合《评价标准》，在每一次磨课的过程中领悟《评价标准》的教学要求，使他们的课堂教学不会出现无谓的超纲或者随意拔高要求的行为，确保课堂教学的有效性。我们还充分运用电教设备，把两位教师的试教过程全程录制下来，在评课的过程中，一点一点地对照说明。为了取得更好的效果，有时教研组成员还亲自上台，为两位教师示范教法，使两位教师在不同教法的对比中，真实地感受不同方法所达到的不同效果，从而达到改进的目的。经过长达4周时间的跟踪式不断磨课，两位青年教师在教学的各个环节都受到了严格的训练，课堂教学技能有了脱胎换骨的进步，许老师承担了一节城区教育指导中心的公开课——三年级"估算"教学，受到城区领导与听课教师的高度好评；黄老师承担的校级公开课二年级的"乘法口诀"，也获得了很大的成功。两位教师都说："磨课把以前很多不明白的地方、不知道怎么做才好的疑问都磨掉了，现在的课堂教学不再是以前那么难教了。"期末测试中，两位教师的教学成绩也有了非常大的进步。

通过两个阶段的实践，我们更加感觉到：当我们把《评价标准》的学习与磨课结合起来，"磨"出的就不单单是一两节精品课，还有执教者准确把握教学要求的技能，更有我们这群参与者的技能与水平。

第二节 用好新教材，落实数学核心素养

数学的学科核心素养作为数学的思想与方法，其实就存在于教材与课堂教学中，只要我们紧扣教学重点，发挥新教材的优势并且创新性地开发身边的教学资源，设计相应的、合理的教学情境以及课堂互动，让学生在课堂中有主动参与的意愿，有参与的时间与空间，就能真正落实数学核心素养。

《义务教育数学课程标准（2011年版）》提出了10个核心素养，即数感、符号意识、空间观念、几何直观、数据分析观念、运算能力、推理能力、模型思想、应用意识和创新意识。但是，在教学实践中，大多数教师对核心素养存在认识上的误区，认为培养学生核心素养是那些教研课上才会有的要求，而一般的课堂则只需要教会学生计算即可。马云鹏教授认为："核心素养是基于认数、计算、测量、统计等具体的数学知识与技能而形成的数学的思想与方法。""学生数学素养的提高要落实到具体的数学教学过程之中，体现在数学教学的各个环节中。"在这里，我们不难理解到，数学的核心素养其实就存在于教材中，也存在于身边的许多教学资源当中，只要我们紧扣教学重点，设计相应的、合理的教学情境以及课堂互动，让学生有主动参与的意愿、空间与时间，就能真正落实数学核心素养。特别是随着义务教育教科书（以下简称"新版教材"）的使用，通过培训与日常钻研，我们可以清晰地感觉到新版教材对数学核心素养的重视。下面以六年级上册"扇形统计图"一课为例，谈谈如何整合资源，用好教材，并且在课堂教学中开展有效互动，使数学核心素养得到落实。

一、钻研教材，创设情境，引导学生学会数学地思考

数学素养是人们通过数学的学习建立起来的认识、理解和处理周围事物时所具备的品质。人们具备了数学素养就可以从数学的角度看待问题，可以用数学的方法思考问题，可以用数学的方法解决问题。新版教材在创设生活情境、培养学生的数感以及数学思考能力等方面做了很大的改进。我们可以充分利用教材资源，尽可能多地为学生创设生活情境，引导学生用数学的眼光发现和分析其中的数学信息，用数学的方法思考问题。下面我们通过比对两版教材，明确有关核心素养的教学重点。

（一）新知识的导入对比

1. 新版教材

情境导入，由主题图引出统计表，经历百分比计算，再从明确各部分数与总数之间关系的角度引入扇形统计图。

2. 实验版教材

直接以条形统计图及其特点与扇形统计图的特征进行比较，引入新知识。

（二）新知识的呈现对比

1. 新版教材

给出模型，以最喜欢乒乓球人数所占百分比的计算与填写作为样板，其他各部分的百分比让学生自己计算填空，体会扇形统计图的计算方法。

2. 实验版教材

直接给出扇形统计图各部分的百分比。

（三）新知识的导学以及深化研讨对比

1. 新版教材

问题导学，上图中的整个圆表示什么？各个扇形的大小与什么是有关系的？

2. 实验版教材

直接告知，在这个扇形统计图中，用整个圆表示全班学生的人数。

（四）后续的学习对比

1. 新版教材

设计三种统计图的对比例题，让学生体会不同统计图的优点，逐步培养学生的统计意识。

2. 实验版教材

课后我们安排了一道练习题，让学生在练习中比对三种统计图的不同特点。通过对比可以看出，新版教材意图让学生经历扇形统计图的形成过程，加深对扇形统计图各部分数量与总数之间关系等的理解，并且重视学生对不同统计图的特点以及用不同的统计方法对相同的数据进行统计的比较等的体会，培养学生的数据分析观念。

因此，在本课教学中，教师可以运用教材创设生活情境，以自学提纲指导学生进行充分的生本互动，在情境中发现数学信息，感知生活中的数学，并且根据数据统计的需要提炼数学问题，从而引发对数据统计与分析方法的探究，体会扇形统计图能直观反映部分数量占总数的百分比的特点。

二、开发教材，经历过程，引发学生的创新意识

创新意识的培养一直倡导"做中学"，在数学课堂中，我们应该更多地激发学生对数学的好奇心、从不同的角度发现问题、用不同的新或旧的方法解决新问题、用科学的魅力吸引学生等，从而引发学生的创新意识。因此，深入钻研教材，大胆创新整合资源，创造性地运用教材，就应该成为我们备课中经常思考的问题。通过钻研教材可以得知，本单元教学目标分为三个层次：一是了解扇形统计图的特点与作用；二是能读懂扇形统计图；三是知道同样的数据可以有多种分析方法，能根据需要选择合适的统计图。所以在教学准备时，考虑到运用教材中情境图的现成数据进行统计分析，与学生的真实生活实践有一定的差距，为了使学生更真切地感受数据统计分析的方法，教师大胆创新，舍弃繁复的计算与画图制作的过程，运用Excel电子表格的工作表间引用交互功能，以及能自动生成统计图的功能，制作了《六（3）班学生最喜欢运动项目统计图》课件，让学生完整经历数据统计与分析的过程，

大大地增加了学习信息量，充分展示了三种不同形式的扇形统计图，加深了学生对扇形统计图的理解，培养了学生的创新意识。根据现场统计的数据，课件同步展示了自动生成的扇形统计图、条形统计图以及折线统计图，让学生进行初步的比较，引发以下思考：第一，对于同样的统计数据，可以有不同的分析方法；第二，对于刚才我们统计的这些数据，运用哪个统计图更合适呢？这样，既补足了教材的信息量不足的缺陷，也培养了学生的创新意识，使学生形成良好的统计习惯，还对小学阶段所学的三种统计图有一个整体的感知，帮助学生完成知识的构建。

三、用好教材，组织互动，引领学生逐步建立模型思想

模型思想是数学的基本思想之一，《义务教育数学课程标准（2011年版）解读》中指出："数学建模就是通过建立模型的方法来求得问题解决的数学活动过程……发现和提出问题是数学建模的起点……学生通过观察、分析、抽象、概括、选择、判断等数学活动，完成模式抽象，得到模型。"由此可见，数学建模的过程，就是对学生综合能力的培养过程，而不断经历数学建模的过程，能改善学习的方式。

扇形统计图是一种统计数据、分析数据的重要工具，帮助学生建立模型、理解特征是本课教学的重点。所以，本课可以在生本互动的基础上，设计生生、师生互动两个环节，教师利用全班汇报的时机，通过质疑、追问的方式，渐进地呈现新知识，引导学生深入探究扇形统计图的概念与模型。然后再安排一个生机互动环节，充分利用信息技术的优点，技巧性地绕开计算和画图这两个非重点的内容，让学生运用课件的优势，现场统计并制作扇形统计，让学生经历数据统计与分析的整个过程，加深学生对新知识的理解，也可以对所学新知识的运用进行检验，为后续的知识应用打下坚实基础。这样，学生经历了独立思考—发现并提出问题—讨论探究—形成模型—检验与运用模型解决问题的整个流程后，就会逐步建立模型思想。

总而言之，课程标准所提出的学科核心素养，对于每一位教师来说，其实

并不陌生，它存在于我们每天的工作、每一节课的教学中，至于怎样才能把核心素养落到实处、实施得更好，就有赖于我们不断思考和不懈努力，只要我们在日常工作中明确方向，善于思考，多做努力，大胆创新，就一定能为社会培养出更优秀的未来人才。

第三节　巧用心理暗示，促进数学教学互动

教育作为培养人的活动，也需要对人的情感进行关注。小学阶段是学生成长的重要阶段，学生思想正处于萌芽阶段，不仅仅有着广阔的发展前景，还有着非常大的可塑性。在这里以特级教师徐长青的《统筹与优化——烙饼问题》为例，就如何在数学教学互动中运用积极的心理暗示发展学生的情感进行探讨。

怎样实现三维目标整体优化，培养学生的综合素质呢？在2015年11月举行的全国小学数学深度学习与数学核心素养下的未来课堂教学研讨峰会暨全国第十二届深化小学数学教学改革观摩交流会一等奖精品课例展示活动中，天津市特级教师徐长青的《统筹与优化——烙饼问题》，为我们提供了一个范例：在知识技能的教学中内嵌积极心理暗示，让学生在学习知识技能的过程中，从开始的害羞、迟疑、不自信，变得自信、主动思考、会思考，甚至还表现出一个积极向上的未来社会主义建设者接班人的责任感与自豪感！

一、教学片段

（一）教学片段一

（课前准备）

教师：我想每人发一张纸，你觉得怎样发最快呢？

学生1：一排一排地发。

教师：你的想法跟我一样。先发这一排，发完了再发这一排，发完了再发这一排……

学生2：不是这样，是发到第一个位置上，然后，让第一个同学往后传。

教师：哦，那就是说，同时发给他们，然后让他们同时向后传，哎，跟我想的方法不一样，那刚才我想的方法和他说的方法，哪个好啊？好在哪里呢？

（这时，大部分学生支持教师的方法，只有少数几个学生支持学生2的方法，而且都说不出来好在哪里。）

教师补充：你看看，我们得快快上课对不对呀？那现在我们的目标是什么？要快！对不对？哪种方法快呢？

（学生小声议论，支持学生2的学生略多了些，但是还是没能说出原因。）

教师小结引导：要说到快呢，还是这位同学的方法快，因为在同一时间，有6位同学在工作，你说快不快？

学生齐答：快。

教师：向他学习，握个手吧，把掌声送给他。

学生鼓掌。

教师评价：老师刚一来，就给了我一个下马威，他比我聪明……

片段评析：真实环境中的积极心理暗示，所取得的效果会更明显。在教师热情洋溢的鼓励中，学生从不敢说话，进步到能根据要求做出正确的选择，甚至教师主动帮助学生解释方法的好处，给学生搭建了一个成功的阶梯，而不是只给学生几句空洞的夸赞，在设置的真实环境中展示学生本身实力，使学生树立信心。

（二）教学片段二

教师：统筹与优化，分两步来思考，看，默读（图6-4）。

第一步：
从整体去考虑，创造多种解决方案。

第二步：
选择最佳方案，节约资源和时间。

华罗庚

图6-4 步骤图（图片来源：作者提供）

学生默读。

教师：你能说说第一步是什么吗？

学生1看屏幕：第一步，从整体去考虑，创造多种解决方案。

学生争着举手回答。

教师（关掉投影）：请你说说第二步。

学生2：……

学生请求教师再放一遍。

教师：好，那就再放一遍，请认真读，并且要用脑子记。

学生默记内容。

教师（关掉投影）：现在你能说说第二步了吗？

学生3：第二步，选择最佳方案，节约资源和时间。

教师小结：我们学习不能光凭眼睛看，更重要的是要用脑子想。我再请一位同学说说第二步是什么。（指学生2）你能说吗？

学生2：第二步，选择最佳方案，节约资源和时间。

教师：看来你比刚才那位同学强多了。

全班笑。

片段评析：在积极心理暗示的过程中，要关注学习方法的教学与学生个体的学习状况。教给学习方法，使学生能学、会学；关注个体，使学生有信心学、主动学。当学生2甚至全班学生遇到困难时，教师没有责怪，而是强调方法后，再给机会，当学生能运用方法进行学习时，教师用幽默的语言给出积极心理暗示"你比刚才那位同学强多了"。在全班学生欢笑的同时，积极心理暗示已经生效：对于全班学生来说，掌握了正确的学习方法，我也能变强；对于学生2来说，虽然第一次不成功，但是我并不差。

二、案例反思

随着教学改革的不断深入，知识技能与情感的协调发展日益得到重视。但是，不可否认的是很多数学教师往往认为：思想教育是班主任、品德教师或者是语文教师的任务，数学学科的知识理解难度大，还要花费大量的时间让学生通过训练掌握知识点，能把知识点解释清楚就已经很好了，哪有时间进行思想教育呢？徐老师的课可以说为我们树立了一个很好的榜样，当我们掌握积极心理暗示的方法，将它嵌入我们的课堂教学过程里，思想教育的效果将自然达成，学生的情感态度就能得到很好的发展。在本课的教学过程中，当面对学生答不出问题时，徐老师通过期待的眼神、热情的帮助暗示学生：你是有发展潜能的，我相信你；当学生进步了，他及时表扬，暗示学生：看，你会用学习方法了，能力加强了，真聪明。在这样的期待、信任的能量场中，学生感受到了教师与同学们的肯定与支持，他们就会获得一种积极向上的动力，尽力达到教师的期待。当教师提出知识的传承怎么办时，他们挺身而出，毫不犹豫地喊出"靠我们"，这就是未来的社会主义建设者和接班人应有的社会责任感，而这个责任感不是教师硬塞给他们的，而是他们主动承担的。

第四节　实施课堂互动作业，构建高效课堂

一、案例背景

关于小学生学业负担过重的话题，一直以来都是小学教师的一个关注重点，从1988年到2009年，教育部多次下达小学生减负令，规定要严格控制学生课外作业量，甚至明确提出：一、二年级尽量不留书面家庭作业，三、四年级书面家庭作业量控制在40分钟内，五、六年级书面家庭作业量控制在60分钟以内……提倡布置活动性、实践性家庭作业。2013年《小学生减负十条规定》意见征询稿中更是提出："小学不留书面式家庭作业，可布置一些适合小学生特点的体验式作业。"国家的小学生减负规定出台不断，但是真正能够实施的有多少呢？一线教师在教学中由于教学成绩的压力所在，谁也不敢真正减负，原来怎么做的还怎么做，只是把原来的100分制改成的等级制，骨子里还是传统评价模式。

2012年，我校数学科组通过学习有关文献，确立了科组教育科研的方向并成功申报了区级课题《小学数学课堂教学有效互动的实践研究》，当我们用探讨的眼光回看自身课堂的时候，我们发现：其实在我们身边，就有一些很好的课堂互动减负案例。例如，一些教师的课堂教学，师生合作的意识强，师生互动有效，学生学习数学的积极性高；一些教师在作业批改方面有自己的策略，如课堂作业与家庭作业的批改放手让学生进行小组互改等。当然，这些行为还存在着较多的缺陷，如作业由学生在小组批改，学生批改完了之后基本就没有下文了，有的则是给出标准答案，一般不讲解，让学生去自己批改。这样的做法对于教师来说无疑是一件"好"事，因为批改作业的工作量减少了。但是，

从学生能力发展的角度来看，这些做法显然是不科学的，也是不负责任的，即便有些教师在学生小组批改完了之后，也间或有一些对易错题的讲解，但是仍然不够。真正的课堂互动作业批改，应该在于充分发挥作业的布置与批改中的检测与指引作用，提升学生对知识的理解与运用能力，达到巩固新知识的目的。

二、课堂互动作业的概念定义

"教学相长"可以从两个角度来定义：第一个角度是教师与学生在"教"与"学"的课堂互动当中得以互相促进；第二个角度是学生与学生之间互为教学的关系，通过把学生独立完成的课堂作业或者家庭作业的批改放到课堂上，由学生小组互动讨论批改，让学生既充当学生的角色，又充当教师的角色，在互动、探讨和互相监督纠正的过程中，同学之间得到共进。加涅在《教学设计原理》中说过"教学的重要本质就是一系列的沟通"；而建构主义学习理论对学习环境四大要素做了较清晰的阐述，其中的"协作""会话"两大要素也同样提到了"课堂师生、生生之间互动是实现教学有效的重要途径"这样的观点。由此可见，古今中外的教育家都意识到课堂互动的重要性，而我们在实际教学当中如何实现高效课堂互动呢？笔者认为，课堂互动作业的实施给课堂互动提供了一个很好的平台。所谓的课堂互动作业，是指在课堂互动教学的基础上，把课堂与课外的作业都尽可能纳入课堂互动的过程中，提高作业的有效性。

三、问卷调查数据分析与结论

（一）问卷的设计依据

通过查阅有关课堂互动以及作业设计与批改等的文献资料，我们认为目前需要了解的问题如下：我们的教学中普遍存在的"课堂互动教学+课外作业"方式，有何不足之处？课堂互动作业能否较好地对此进行补足？基于以上思考，我们从以下几个维度设计调查问卷：作业布置质量的现状、影响作业质量的因素、作业批改的现状（表6-1）。

小学学生数学作业情况调查问卷

级　班

你好！这是一份了解你数学作业情况的问卷。本问卷无记名，所有问题不分对与错。请你根据在学校和家庭中的真实情况，坦诚回答本问卷中的所有问题，也可以和家长一同完成。

1. 你每天完成数学作业一般需要多长时间？（　　）

　A. 20分钟之内　　　B. 30分钟内　　　C. 30～60分钟

2. 如果你觉得老师布置的数学作业有不合理的地方，你会向老师指出吗？（　　）

　A. 会的　　　　　　B. 不会

3. 你经常要在父母催促的情况下，才去做作业吗？（　　）

　A. 从不　　　　　　B. 有时　　　　　C. 经常

4. 你对完成数学作业的态度是（　　）。

　A. 认真做题，按时完成　　　　B. 很快完成，但不管质量

　C. 经常不按时完成

5. 你希望的数学作业形式是（　　）。

　A. 书面　　　　　　B. 口头　　　　　C. 实践作业

6. 每次做完作业，你会认真检查吗？（　　）

　A. 经常　　　　　　B. 有时　　　　　C. 从不

7. 每天完成家庭作业后，你会把作业交给家长检查吗？（　　）

　A. 会　　　　　　　B. 有时会　　　　C. 不会

8. 你的家长会经常认真帮你审阅你的作业完成情况吗？（　　）

　A. 会　　　　　　B. 经常会　　　　C. 有时会　　　　D. 基本不看

9. 家长检查作业时，有跟你提出一些修改的要求吗？（　　）

　A. 会　　　　　　B. 经常会　　　　C. 有时会　　　　D. 基本不看

10. 你在家做数学作业的时候，遇到问题怎么解决呢？（可以多选）（　　）

A. 求助书本等工具书，自己解决　　B. 打电话问老师

C. 打电话问同学　　　　　　　　　D. 请教家长

E. 随便做，错了也不管　　　　　　F. 空着不做

G. 空着，第二天找同学请教　　　　H. 找同学的来抄

11. 如果老师没有布置作业，你自己是否会安排另外的作业？（　　）

A. 会的　　　　　B. 不会　　　　　C. 有时会复习一下

12. 你认为老师是否认真批改作业？（　　）

A. 多数认真　　　　　　　　　　　B. 把标准答案下发，由自己核对

C. 虽然比较认真，但不够及时　　　D. 不太认真

13. 你喜欢怎样的作业批改方式？（　　）

A. 老师批改　　　　　　　　　　　B. 成绩好的同学帮忙批改

C. 自己给答案，自己批改　　　　　D. 学生互改

14. 数学老师布置的作业是否有层次？（　　）

A. 全班同学都布置同样的作业题

B. 布置同样的作业外还布置一些选做的提高题

非常感谢你的配合，祝你学习快乐！谢谢

表6-1　调查问卷题型分布表（表格来源：作者提供）

调查内容		题号
作业布置质量的现状		1、2、5、14
影响作业质量的因素	学生因素	3、4、6、10、11
	家庭的支持因素	7、8、9
	教师的支持因素	10的B选项
作业批改的现状		12、13

（二）问卷调查的实施

本次调查总共发出问卷450张，收回450张，有效问卷450张。

（三）问卷的数据统计与分析

1. 数据统计（表6-2）

表6-2 数据统计（表格来源：作者提供）

选项 题号	A		B		C		D	
	人数	百分比/%	人数	百分比/%	人数	百分比/%	人数	百分比/%
1	265	59.0	153	34.1	31	6.9	—	—
2	315	70.5	132	29.5	—	—	—	—
3	262	58.6	122	27.3	63	14.1	—	—
4	362	80.6	30	6.7	57	12.7	—	—
5	254	56.8	125	28.0	68	15.2	—	—
6	240	53.5	163	36.3	46	10.2	—	—
7	275	61.4	98	21.9	75	16.7	—	—
8	208	46.5	143	32.0	85	19.0	11	2.5
9	237	52.9	102	22.8	97	21.7	12	2.7
10	218	48.4	99	22.0	99	22.0	245	54.4
11	86	19.2	107	23.8	163	36.3	93	20.7
12	342	76.3	48	10.7	21	4.7	37	8.3
13	30	71.7	46	10.3	32	7.2	48	10.8
14	315	70.2	134	29.8	—	—	—	—

注：因无记名的原因，部分题目出现的一些选号不清、漏选等情况无法跟踪改正，则计算时不统计，且由于版面有限，部分数据未显示。

2. 从各维度分析数据

（1）作业布置的质量（1、2、5、14）。

问题1有59.0%的学生选择20分钟之内能完成数学作业，只有7%的学生选择需要30~60分钟完成作业（图6-5），这说明本校的数学教师能做到较好地控制数学作业量，但是也存在个别作业布置的随意性。

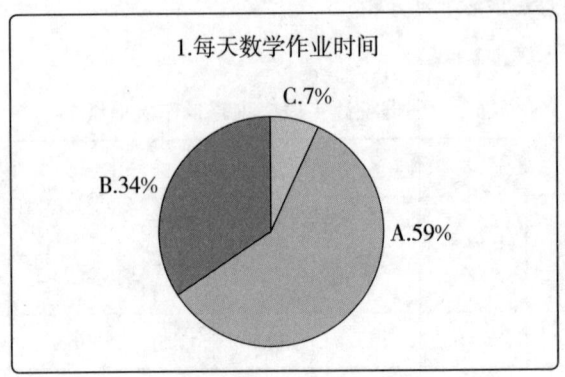

图6-5 数学作业完成时间扇形图

问题2有70%的学生会顺从地接受教师布置的数学作业,即使教师作业布置存在不合理的地方也会接受,只有30%的学生在发现作业布置有问题时会向教师提出(图6-6)。这一点较明确地体现了学生在学习上对教师的依赖性,也表明了教师在布置作业时,要慎重思考作业布置的作用与目的,合理设计对学生学习有帮助的作业,而且应该在布置作业前,先把作业做一遍。

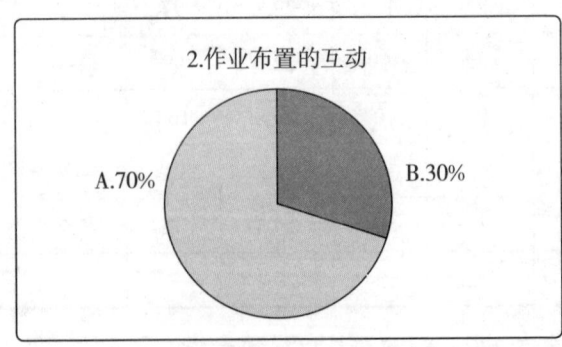

图6-6 作业布置的互动扇形图(图片来源:作者提供)

问题14有70%的学生反映教师在布置作业时,全班同学都只会布置同样的作业,只有30%的学生反映教师在布置作业时,会考虑不同学生的学习状况差异而布置不同层次的作业(图6-7),如一些选做题等。

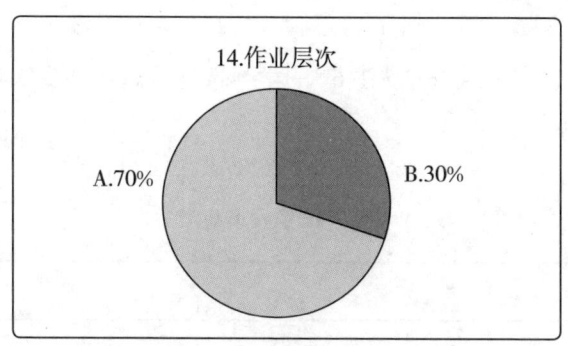

图6-7　作业层次扇形图（图片来源：作者提供）

（2）影响作业质量的因素。

① 学生因素（3、4、6、10、11）。

在做作业的过程当中，我们试图通过了解学生的态度因素来对学生作业的质量进行分析，3、4、6、11这四道问题的答案，都是遵循A态度积极到C或D态度差这样的过渡规律，从图6-8中反映的情况来看，在对待家庭作业的态度方面，本校大部分学生都是持有积极的态度的，但是，也有学生以比较差的态度来对待家庭作业，而且从问题11反映的情况来看，当教师没有布置家庭作业时，有54.5%的学生选择不会或者有时会自觉复习。

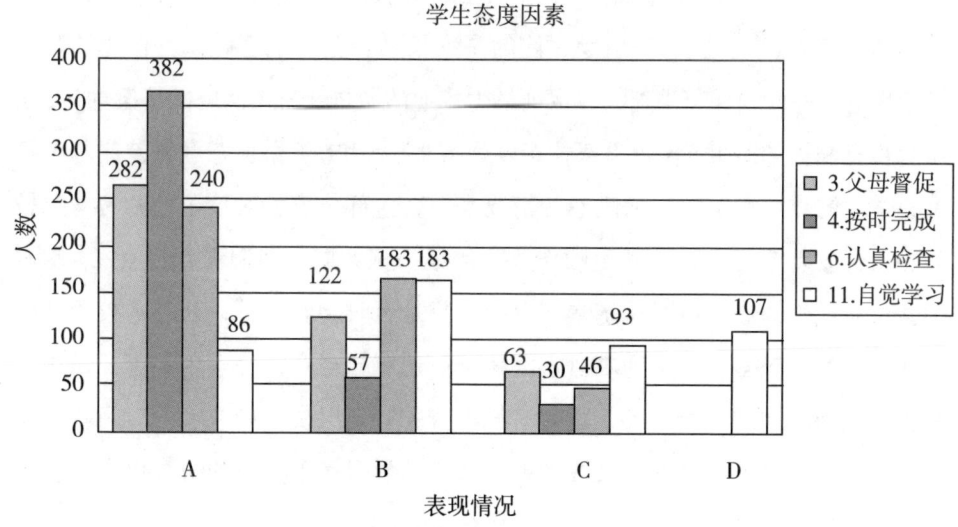

图6-8　学生态度因素柱状图（图片来源：作者提供）

问题10的E（随便做，错了也不管）、F（空着不做）、H（找同学的来抄）这三个选项也有占调查总人数6%的学生选择，就更能反映学生在家学习的现状（图6-9）。

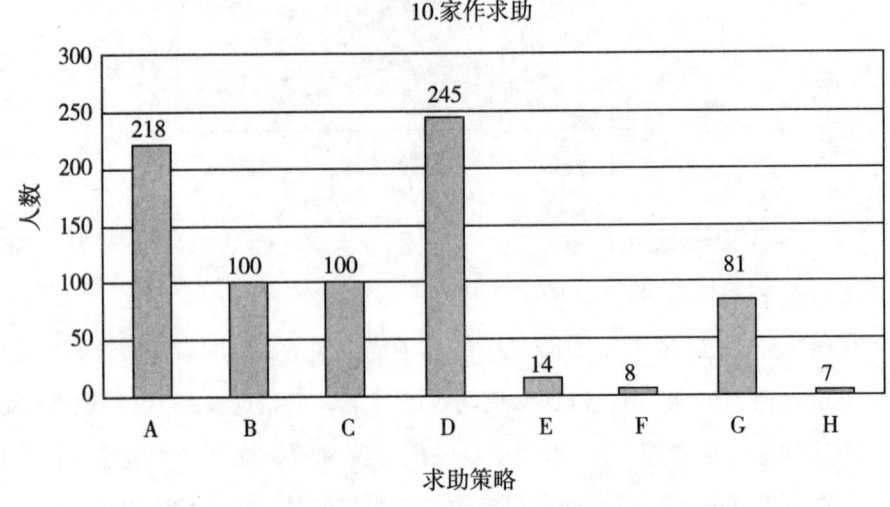

图6-9 家庭作业求助策略柱状图（图片来源：作者提供）

②家庭因素（7、8、9）。

在学生的家庭作业完成情况当中，家长的因素占有很重要的位置，从问卷的情况来看，7、8、9三道题关注的是家长是否会在学生做家庭作业的时候对学生进行一些辅导与检查，以保证学生作业的质量。三个问题的答案均是：A（家长有积极的态度）、B（家长态度尚可）、C和D（家长态度较差或基本不关心学生的作业情况）。从问卷的情况来看，大部分家长对孩子的学习情况较关心，会主动或经常检查学生的作业。但是，从数据中我们看到：有20%左右的家长对学生的作业情况是基本不看或者只是有时会看一下，联系本校所处的地理位置，比较多的学生为农村家庭孩子，还有相当一部分学生的家长做小生意，每天为家庭糊口奔忙等，因为家长本身的知识层次较低或者没时间等，家长对孩子的学习不会辅导，又或者是对孩子的学习漠不关心的情况仍有存在。那么这部分学生的作业质量如何保障呢（图6-10）？

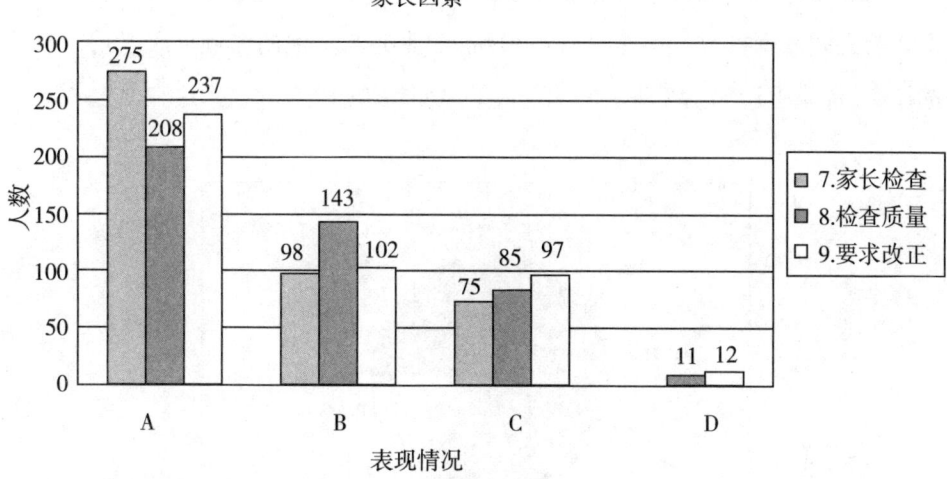

图6-10 家长因素柱状图（图片来源：作者提供）

③教师因素（问题10的B选项）。

问题10的B选项（家庭作业有困难时打电话向老师求助）也有约占22.0%的学生选择，说明教师在对学生家庭作业的支持方面也能起到一定的作用，但是仍需要大力提升。

（3）作业批改的现状（12、13）。

问题12中，76%的学生认为教师在批改作业的工作上持认真的态度，但是也有8%的学生认为教师的批改不够认真，有13%的学生对教师的批改不够满意（图6-11）。

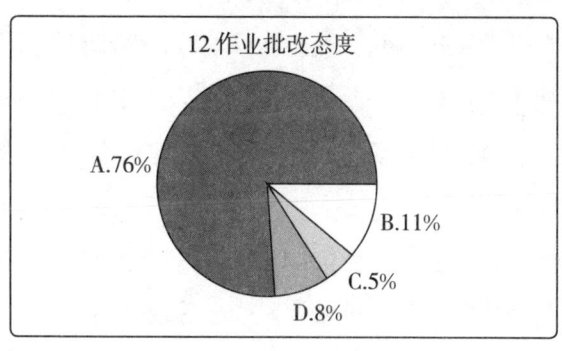

图6-11 作业批改态度数据图

问题13是对学生喜欢的作业批改方式的调查，从问卷情况来看，72%的学生认为喜欢教师批改，但是也有约30%的学生喜欢其他的作业批改方式，而且选择D（课堂上让学生互改）的学生占了14%（图6-12）。

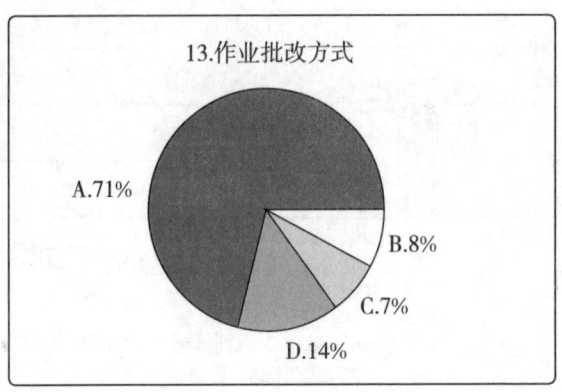

图6-12　作业批改方式数据图（图片来源：作者提供）

（四）跟踪性的师生访谈

问卷调查统计结果出来之后，数据显示出其中有两个班选择喜欢课堂上学生互改作业的学生比较多，显然这两个班的教师在作业批改上应该是实施了家庭作业在课堂上互改的做法，而且有不少的学生觉得这样做有效果，于是笔者对这两个班的数学教师进行了跟踪访谈。

1. 访谈过程的简要记录

问：你觉得哪些作业比较适合在课堂中让学生互改？

答：在平常上课的时候，我一般会在课前的口算训练、巩固练习时安排一些题组，在课程尾声处进行的一些过关性检测，会安排小组进行学生互改。有时一些家庭作业需要特别提醒学生注意的题目，也会安排一些时间让学生进行小组讨论互改。

问：你是如何实施课堂作业互动批改的？

答：一般有几种情况。第一种是课堂作业互改，有些争议不大、量不大的题目可以让学生小组互改；第二种是一些有讨论价值的题目，会安排比较合适的时间（一般控制在2分钟以内），让学生进行探讨，汇报评价之后再互相批改；第三种是需要控制时间的时候，也会出示标准答案让学生互相批改，如上课之初进行的口算训练等。

问：你觉得在课堂的哪个时间进行作业互改比较合适？

答：我基本会在课前与课后的时间安排一些时间让学生完成课堂作业，然后进行互改，感觉这样会比较好。

问：你觉得这样做要注意什么？

答：在每一节课上课之前，每一道练习题我都会先做一次，然后想好哪一部分需要老师先讲解，再让学生做，哪些是学生自己能做的，哪些是可以让学生小组互改的，这些都要先做好安排。我一般在开始接一个班的时候先分小组，每一个小组都要安排一个成绩好而且乐于帮助同学的组长，有些可能还有副组长，然后学生经过训练形成习惯之后，作业互动这一部分就能良好地运转。

问：你觉得这样操作有什么好处？

答：感觉这样操作的话，学生们讨论很积极，思维也活跃，而且他们在遇到争议的时候，往往不单是自己小组讨论，还会把其他小组甚至老师也拉进他们的讨论圈子，所以往往这时课堂会很吵，但是大家都很兴奋；而且他们对那些不会做题的同学也会自觉去教他；课堂作业互动批改的话，自己作为老师也感觉轻松了。

2. 访谈的情况小结

从访谈可以看出：在课堂互动作业的布置与批改过程中，教师和学生都是很有收获的，从情感的角度来说，师生共建轻松愉悦的学习环境，学生更喜欢学习数学了；从认知的角度来说，通过互动批改的过程中，学生互相交流、互相纠正、互相帮助最后达到全员都能掌握知识的目的。但是，要达到这样的效果，教师必须在课前做好充分的准备，要准确把握每一道作业题的要求，要对学生的做题难易度有较清晰的预案。

（五）问卷调查与访谈的结论

结合问卷调查和访谈的统计分析，我们可以得出以下结论：

（1）对于小学中高年级，家庭作业有存在的必要性。数据显示，大部分学生和家长对待家庭作业有着积极的态度，比较多的家长能主动积极地关心孩子的家庭作业情况，并且能主动督促孩子做好作业。但是，当教师没布置家庭作业的时候，只有约45.5%的学生会比较自觉地进行复习，而54.5%的学生不会自觉复习或偶尔会复习，所以适量的家庭作业还是应该有的。

（2）数学教师应加强在课堂上的知识点训练，在课堂上运用好课堂互动作业的方法，而且对于家庭作业的批改方式，也可以视情况采用课堂互动批改与教师全收全改相结合的方式，以保障那些在家长处得不到很好指导的学生，甚至是学困生也能得到足够的指导。

（3）无论是课堂互动批改还是教师全收全改的方式，数学教师都应该在准备充分的情况下，担当起指导的角色，而且应该及时对学生的课堂互动作业情况进行指导。

（4）在课堂互动作业与互动批改的过程中，学生的注意力往往会比较容易集中，而且也容易形成互相帮助的良好态势。

四、关于课堂互动作业布置和批改的方式探讨

根据心理学家提出的小学生课堂学习注意力变化曲线图（图6-13），我们可以看到：从开始上课到约10分钟时，学生注意力是逐步增强的，中间约15分钟左右的一段时间学生注意力处于稳定的理想状态，随后学生的注意力就开始向分散状态慢慢变化了。因此，我们可以把教学新知识的部分安排在10~25分钟这一黄金时段，而0~10分钟以及25~40分钟这两段时间则可以灵活处理，合理地安排一些课堂互动的作业，既可在课始阶段引导学生迅速进入学习的状态，在后半段保持学生的注意力集中，更可以使学生在讨论与思辨的状态当中强化新知识。

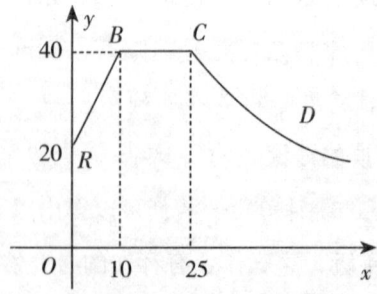

图6-13　学生注意力变化曲线图（图片来源：作者提供）

（一）课堂互动作业的形式

上课伊始的互动作业或家庭作业应进行互动批改。结合对教师的访谈与常规课堂所见，笔者认为在上课之初可以安排一些互动作业让学生完成。例如，根据新知识生长点，设计小测，对学习新知识所必需的前置知识进行复习，或者对计算技能进行训练，并让学生小组批改，时间控制在3分钟左右。再如，在连贯知识学习当中的第二、三节后续课堂教学之前，可以安排对前一天所布置的课外作业进行课堂互动批改过关等。

课中作业当堂互动反馈。在新知识教学之后，通过一些渐进式、有层次的对应作业练习，对所学的新知识进行应用和巩固，要求学生在课堂上完成，并进行当堂批改与情况反馈，在习惯上我们把这种课堂作业称为新知识的巩固练习。根据课中作业的不同设计方式和批改方式，笔者尝试将课中作业分成以下三种：

第一种为单一习题讲解型（传统做法）。出示一题后，学生独立完成，然后教师展示其中个别较有代表性的学生作业，全班订正，然后进行下一题的练习和讲解。本类型练习着眼于课堂上单一知识点的巩固与过关训练。

第二种为题组型。教师把一些相关的知识以一个练习题组的形式，通过按组进行练习，使学生在解题组的过程中，不但对单一的知识点进行巩固，还可以对新旧知识、同类型知识、有互逆或转化关系的知识之间进行比较，使知识点不再单一呈现，使学生能更好地"悟理"，更好地将新知识纳入原来的知识体系中，实现新体系的构建。

第三种为检测型。新知识学习与巩固练习完成后，教师设计一个针对新知识理解与巩固的作业，让学生在课堂上完成，并且采用教师评讲或学生小组互改相结合的形式，使学生的知识构建得到强化。

课中作业的设计必须做到精炼、到位、有代表性。例如，学习除法计算后的练习课，则设计的检测作业就应该包含第一位不够商1、商中间有0、商末尾有0的计算，计算的难度可适当降低，但是数理的涵盖性必须足够体现本课的学习要求。

（二）课堂互动作业的实施应该注意的几个方面

首先，互动作业的量一般不要太多，否则就会出现互动时间不好控制，反而影响新课学习时间的现象。

其次，教师在课前必须把习题做一遍，或者把握好家庭作业的质量，对互动作业和批改有清晰的前认识，并且对其中要点做好记录。

再次，在学生互动批改的过程中，教师应该做好巡视工作，及时收集学生在互动过程中的闪光点和不到之处，对闪光点进行全班表扬，对不到之处马上进行纠正并提醒其他学生注意。

最后，在学生互动批改的基础上，教师应该对这些作业本进行审查，并对一些批改质量较高的小组进行记录或表扬，也可以通过对优秀作业和优秀批改作业进行展示等措施，提高学生的积极性，确保课堂互动作业的有效性。

也就是说，实施课堂互动作业并不能简单地理解为减轻负担，而应该把它看成师生、生生互动提高的一种手段。可能这样做，教师的付出会更多，但是它却比单纯由教师包揽全收全改的做法效果好得多。

课堂互动作业的实施，能够使课堂教学时间安排更科学，让课堂互动更有效。对于目前素质教育的要求来说，在实施全员教育，提高学生学习兴趣，让学生主动参与学习并且主动建构知识网络等方面，课堂互动作业的实施都有着非常好的实用性。

第七章
小学数学课堂有效互动教学案例

第一节　小学数学课堂教学有效互动的行动研究案例

一、存在的问题

课堂教学是新课程改革的最前沿阵地,《基础教育课程改革纲要(试行)》中提到,"教师在教学过程中应与学生积极互动、共同发展,要处理好传授知识与培养能力的关系,注重培养学生的独立性和自主性","教师应……创设能引导学生主动参与的教育环境,激发学生的学习积极性,培养学生掌握和运用知识的态度和能力,使每个学生都能得到充分的发展"。但是,我校的数学课堂中仍然较多地存在着以下问题:一是注重实效,但在学生综合素养的培养方面较忽视;二是教学以传授为主的现象较多,忽视学生的主体地位。

二、分析及对策

为了进一步适应新课程改革的需要,也为实现数学课堂有效、高效提供理论指导与实践探索,有效提升学生的综合素养以及学习兴趣,从而提高教学质量,我们开展了思考与理论学习。经过论证,我们意识到小学阶段是学生的生理与心理的成长阶段,而在小学数学课堂教学的"师—生"传授式教学下,教师的程序式教学、枯燥讲解都与小学生综合素质的培养要求背道而驰,学生在沦为知识容器的同时,也会对数学产生害怕、厌恶等不良情绪。所以,小学数学教师应通过各种有效的互动方式,充分调动学生学习的积极性,让学生在师生平等对话、多元互动与合作交流当中得到全面的培养,提高综合素质,也让小学数学课堂充满活力,师生与生生之间充满思想的互动与情感的交流,从而达到师生共同提高的效果。因此,我们把研究的方向定为树立师生共同发展的观念,在数学课堂教学中实施有效互动的研究与实践。

三、研究的策划

行动主题:小学数学课堂有效互动的实践研究。

行动方法:观察法、问卷调查法与行动研究结合。

行动时间:2013年6月—2015年6月。

参与人员:课题组与本校全体数学科组成员。

行动流程:第一阶段,开展理论学习,明确课题研究方向并形成研究方案;第二阶段,实践与培训相结合开展课堂教学有效互动研究;第三阶段,对前两个阶段进行反思及调整研究策略;第四阶段,继续有效互动的实践研究以及开展推广活动;第五阶段,课题总结与反思。

四、研究的过程

(一)第一阶段:开展理论学习,明确课题研究方向并形成研究方案

1. 开展学习,提升理论水平

为了使课题研究更有效,我们坚持开展学习与研讨:在课题的准备阶段,重点学习了钟启泉的《"课堂互动"研究:意蕴与课题》;在研究的实施阶段,重点学习了亢晓梅的《师生课堂互动行为类型理论比较研究》、岳萍的《课堂内学生交往技能训练初探》等文章,明确互动的含义与意蕴。课堂教学中有效互动的关键在于建立"自主活动、集体思维与教师学习共同体"的概念,通过学习,我们认识到课堂教学要"从单纯预设式的教学设计走向动态生成式的教学设计,从意向传输走向集体思维学习,即集体思维的组织与学习集体的形成"。以此认识为导向,我们设立了本课题的研究方案,并且形成了课题的实践研究框架图(图7-1)。

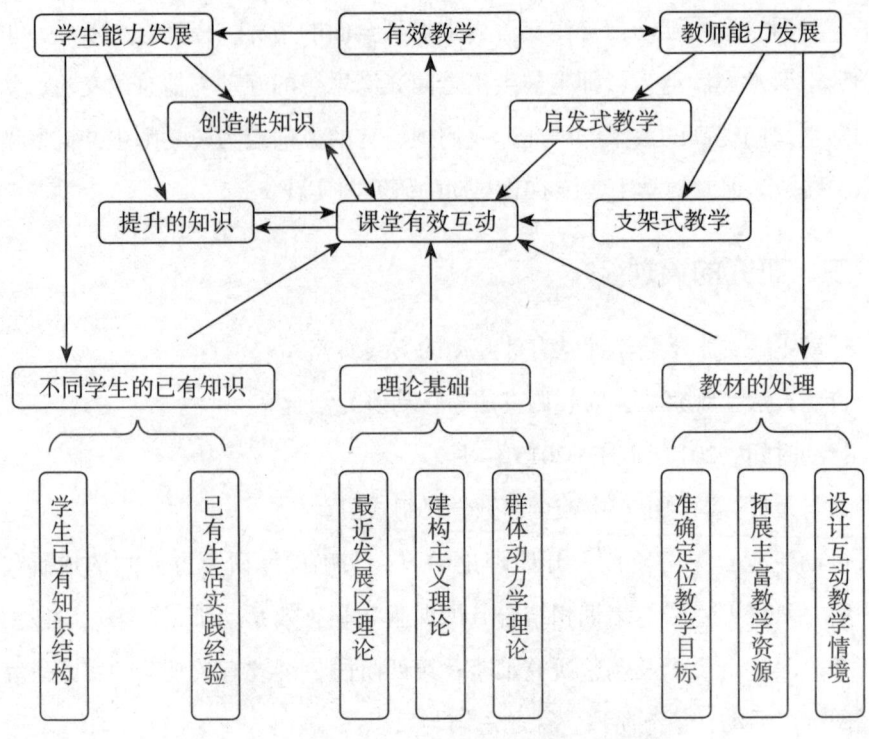

图7-1　实践研究框架图（图片来源：作者提供）

我们把理论学习与研讨结合到研究的整个过程中，在研究的第二、第三阶段，我们把学习的重点放在如何设计与实施课堂有效互动的观察与评价方面，并且根据学习与实践设计相关的课堂观察量表，对数学课堂有效互动效果进行了评价。

2. 专家培训，找准研究的切入口

近几年来，我们在研究的过程中坚持专家的引领，共邀请了广州市教研室杨健辉、广州市教育局原处长韩可与、广东省教育研究院曾文倩教授、广州市第三中学王殿林老师、从化区教研室李醒群等专家对本课题的全体成员进行了培训，在研究工作内容、研究方法和成果提炼三个方面进行了更进一步的指导，为课题研究工作提供到位的指导。

3. 参加各级培训，提升教师将实践与理论有机结合的能力

课题主持人还参加了广州市高级培训者培训班及2014年国培计划。

通过各种学习与培训，课题组成员的理论水平与课堂教研的实践能力得到了很大的提升。

（二）第二阶段：实践与培训相结合开展课堂教学有效互动研究

1. 开展前期问卷调查

了解我校数学课堂的教学过程现状，寻找存在问题并分析对策：在前期问卷调查的情况分析中，我们重点分析了小组合作学习中存在的问题：没有合作意识的现象较多，而对合作意识的培养、行为引导、具体操作方法不清等则是使合作仅仅流于形式的主要原因。主要表现在：

（1）小组合作学习成了少数尖子学生表演的舞台，使得个别学生成为教师的代言人，许多学生采取旁观的态度，缺少积极参与的意识，思维能力、表达能力、质疑能力等得不到锻炼，合作意识和合作能力得不到培养。问卷第5题："在小组合作学习过程中你经常发表自己的观点吗？"回答"经常"的占29.8%，回答"偶尔"的占58.3%，回答"听别人讲"的占11.9%。其中选择后两个答案的都是自认为学习中等或不太好的学生。

（2）在组织学生进行小组讨论时，多数学生表达完自己的意见就算完事，而对于小组其他成员的意见常常不置可否，因而讨论无法深化。问卷第8题：当不理解、不明白、有疑问时，能大胆提出的占48.3%，不敢说出的占22.4%，敢于提出不同意见与同学和教师争论的占29.3%。

（3）通过对调查问卷及谈话的反馈分析，可以看到，造成以上问题的主要原因有以下几点：①教师对合作学习的认识不够明确；②合作小组没有明确的职责分工；③小组合作之前缺少让学生独立思考的过程；④小组合作时没有给学生充裕的时间；⑤小组合作的内容没有太大的探讨价值，容易造成"摆样子""走过场"的现象，过分强调学生的"学"而忽视教师的主导作用。

2. 实施数学课堂教学有效互动的实践研究

实施数学课堂教学有效互动必须做好课堂教学实践与培训的结合。在培训与学习的基础上，我们课题组制定了一系列课堂教学的观察表格，对学生学习状况以及课堂教学的实际效果进行观测，找准能够促进课堂教学中师生、生生互动形成的切入点，并通过课题组与科组教师的大量实践、不断总结，初步形成规范课堂教学互动的切入、实施以及操作等一系列方法。

（1）以课例为主体，磨课为方法，开展实践行动研究。在三年的研究过程中，认真做好每一次的市、区和校级教学研讨课，在课例形成与展示的过程中，我们结合课题研究的主题实施同伴式科组磨课。具体实施过程如下：第一步是学习与培训，使全体课题成员与科组教师心中形成有效互动的理念；第二步是进行系列课堂观察与评价量表的使用技能培训，培养教师成员的研究者意识；第三步是使用观察量表对课堂教学进行观察，采取教师分组合作的方式，每个组的几个教师分工合作，对课堂教学进行观测，并有针对性地对课堂上一些典型的案例进行适当的记录。课后，同组的教师可以根据自己小组的各个观测点先进行研讨，形成本组的评议意见，再进行科组的研讨。

同伴式磨课研讨模式（图7-2）的开展，让全体科组教师人人参与，还为我们提供了人人参与的舞台，使"研"之有物、"研"之有理，人人都是主角。教师在合作、交流的过程中，对于课堂教学的理解、对于课题研究的理解、对于课堂教学经验的分享等，都得到了真实有效的提升。

（2）以课堂观察为主要工具，在实践中评价课堂有效互动教学。为更好地评价课堂教学中互动研究的有效性，在实践研究的第一阶段，我们设计了《××小学数学课堂评价量表》；第二阶段，我们设计了《××小学数学课堂教学中有效互动的观课议课表》；第三阶段，在学习与实践的基础上，我们进一步提出加强课堂互动的有效性观察，设计了系列课堂教学有效互动的观察量表，包括《表一：××小学数学课堂有效互动教师行为观察量表》《表二：××小学数学课堂有效互动学生行为观察量表》《表三：××小学数学课堂有效互动时间分配观察量表》。通过对教师、学生以及课堂有效互动时间分配等的观察，对课堂教学实践中学生互动的情况进行量化分析研究，并对教学各环节中师生共同体的各项表现进行诊断式考察，为切实改进教师的课堂教学有效互动提供数据支持。

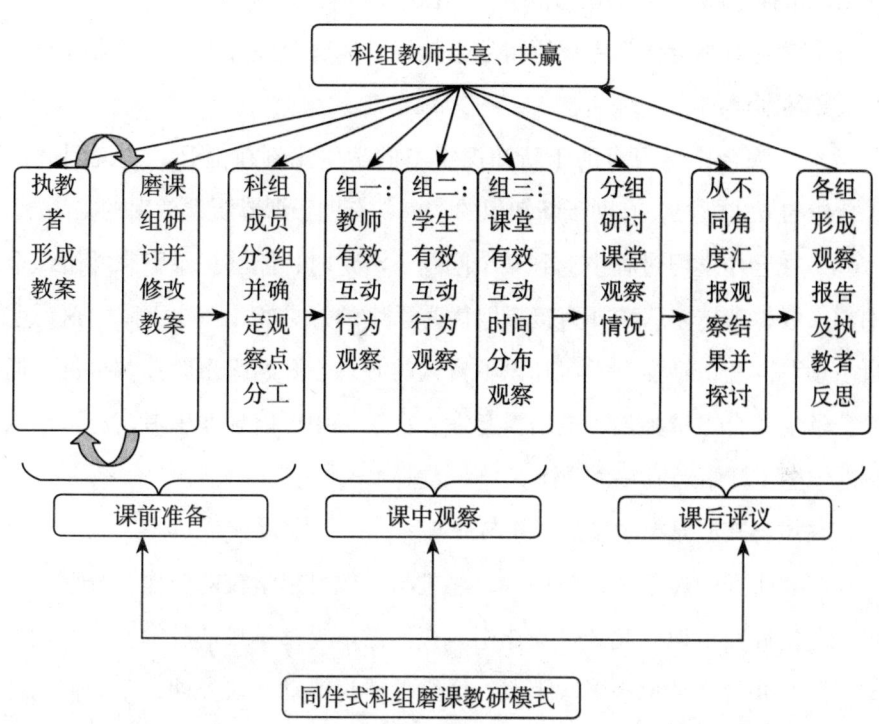

图7-2 同伴式科组磨课教研模式流程图（图片来源：作者提供）

（三）第三阶段：对前两个阶段进行反思及调整研究策略

通过大量的数学课堂教学实践，结合教学理论，我们对数学课的不同课型、不同教学内容以及学生的学习状态等各种要素进行深入的分析和整理加工，不断调整课题实践研究和思路，并形成该课题的阶段资料，如课堂教学视频资料以及研究案例、论文等。

（四）第四阶段：继续有效互动的实践研究以及开展推广活动

1. 开展课题研究的中后期调查

就教师和学生在课堂教学中所使用的教学策略、学习策略以及学习效果进行问卷调查、课堂评估，通过质的评价和量化指标衡量课题实施所带来的影响和效果。后期问卷调查的情况分析中，通过与前期调查数据的对比，我们发现经过两年多的实践研究，学生们有了以下改变和提高：

（1）通过小学数学课堂教学中自主、合作学习方式的运用，学生与他人合作的意识增强，愿意与他人合作的学生比例在中期的基础上继续增加。

（2）学生对于合作学习运用得越来越好，能够合理分工且主动发表自己观点的人数逐渐增加。

（3）认为合作学习有助于新知识学习的学生比例在上升。这说明通过自主、合作的方式学习，有助于新知识的掌握，有助于课堂听课效率的提高。

（4）在合作学习过程中遇到某个问题不清楚时，能够记录下来并组织全班讨论的人数越来越多，选择直接提取优秀学生的意见的比例在下降。这说明学生自主学习的意识增强，学习知识不盲从的心态也开始露出萌芽。可见，通过实验，学生的自主精神逐步被培养起来，在学习中可以独立思考，有自己独立见解的学生也开始形成一个群体。

2. 注重与其他兄弟学校的合作与分享

在课题研究的过程中，我们一直注重与其他兄弟学校的合作与分享，让我们的课题研究在本地区起到带头作用。我们邀请兄弟学校的教师参与我们的培训与实践，并且主动承担多次市级、区级的研讨活动和研究课，把我们的课堂观察与磨课的做法向全区的学校进行了展示与推广。

（五）第五阶段：课题总结与反思

经过两年多的实践，我们的课题研究在理论与实践方面都取得了令人欣喜的成绩。

1. 理论成果

（1）初步形成一套课堂有效互动教学的观察量表。为了检查数学课堂教学有效互动的实施情况，我们一直不断尝试，在理论学习与教学实践的基础上，不断研讨，不断改进，在不同的阶段分别设计了课堂观察量表。

（2）形成了多篇课题相关论文与案例并发表获奖。经过多次系列理论学习与实践研究，课题组全体成员把研究工作与常规教学结合，自觉以理论指导实践，使我们的常态课堂呈现出师生之间、生生之间、生本之间良性互动、教学相长的良好态势。同时，我们通过不断反思与提升，积极撰写论文。撰写课题研究相关论文共获奖31篇，其中广东省教育学会二等奖1篇；广佛肇论文评比二等奖1篇；广州市级一、二等奖2篇；从化区级一等奖论文5篇，二等奖和三等奖论文共22篇。其中关于科组教科研的获奖论文广州市级2项、从化区级3项；获奖课件与课例2项；获奖教学设计12项；课题组成员承担广州市级教研课例2节、从化区级教研课例3节。我们把课题组这些年来的获奖论文整合形成了一本课题研究论文集。

2. 实践成果

（1）在本校数学教师当中成功树立了课堂互动的现代教学观念。在课题研究过程中，我们一直强调在常态课堂教学中进行有效互动，主张在教学与评价的过程中，注重课堂观察，以数据说话。通过培训与实践，我们还带动整个数学科组，比较好地实现了课题预设的目标——科组全体教师明确了什么是课堂互动。科组内教师在课堂教学有效互动的特征和如何评价互动的有效性等方面的认识也有了很大的提高。我们的课题研究工作也取得很大的收获，在研究实践中，我们做到了"研"之有理（以相关理论为支撑）、"研"之有物（以课堂实践为内容）、"研"之有法（有科学合理的操作方法）。我们明显感觉到无论是在课内还是在课外，师与生、生与生、师与师之间双线、双向的互动越发频繁，这体现了师生"全员参与、自由沟通、情知相融、共同进步"的境界。

（2）培养学生养成了主动思考、主动与教师和同学多向互动的意愿与行为习惯。开展课题研究后，我们的课堂教学中，普遍呈现出师生积极主动地参与、交往互动、共同发展的良好态势，有效地形成了教与学的统一，师生的关系、互动的次数与质量都有了很大的提高，涌现了非常多的优秀教学案例，也形成了优秀教学案例集。

（3）在本地区同类学校中对有效互动的教学观进行了推广，推进了本地区小学数学课堂教学的改革。三年来，我们课题组立足本校实践，在面对本校课堂教学实践的基础上，积极与本地区的三所小学进行挂钩结对，每学年均组织课题研讨，采取送教上门、课例研讨等形式，把我们的教学理念与实践经验进行展示与分享。我们主动承担市、区组织的多次教研展示活动，使我们的研究成果得到展示与检验，具体情况见表7-1。

表7-1 2013—2015课题组成员承担区级以上公开课情况（表格来源：作者提供）

课例	时间	级别	效果
异分母分数加减法	2013年6月	广州市	优
课例点评	2013年6月	广州市	优
口算乘法	2013年10月	从化区	优
扇形的认识	2014年12月	从化区	优
用比例解决问题	2015年4月	从化区	一等奖

3. 研究的不足之处与对策

（1）课题组成员的学习系统性不强，水平普遍不高，理论与教学实践相结合的能力还不够强，存在着理论与实践脱节的现象。

（2）由于一线教师课业负担以及其他工作负担较重，课题组成员之间研讨的次数以及研讨的深入程度相当不足，这制约了我们的研究成果在层次上的提升。

对于上述问题，我们要继续学习与课题相关的课例、理论，不断充实课题组成员自身的理论底蕴，根据成员各自拟订的计划，把握方向，以课堂为平台，大胆创新；要灵活地处理好课业负担与课题研究之间的关系，使课题开展更有序和更有实效性；继续积累更多的案例，做好更深刻的反思，形成一定的理论。总结起来可行成以下几条措施：

（1）进一步明确课堂教学有效互动的理论依据，使课堂教学更科学有效，师生共同进步。

（2）进一步细化课堂观察的量化标准，使课堂观察与研究更科学。

（3）在不同的课型多尝试设置有效的学习情境，引发学习的有效互动。

第二节　小学数学综合实践课有效互动教学研究案例

一、研究背景

2015年11月我校与广州市旧部前小学开展了一次同课异构的教研活动，内容是六年级的综合实践课"节约用水"。在展示过程中，两节课在对"节约用水"内容的处理、教学要求、教学形式、学生的学习方式等方面都存在着较大的差异。一节课的教学重点是让学生进行实验并对数据进行分析与计算，告知学生生活中可以如何节约用水；另一节课的教学重点则是让学生进行实验并对数据进行分析计算，讨论生活中应该如何节约用水。不同设计的两节课，在学生表现出来的学习主动性、运用所学知识整理分析数据、提出节水措施等方面都存在着较大的差异。这引起了我们的深思，综合实践活动课作为一种新课型，与传统的新授课、练习课、复习课的要求都有所不同，同时又互相联系，在教学中，我们应该如何把握对本课型的要求？教师对教材处理、教学设计、师生的教学准备、教学的具体要求应该如何把握？在这些方面的认知上，还有许多教师都存在着不足。《义务教育数学课程标准（2011年版）》明确提出：设置"综合与实践"内容，"目的在于培养学生综合运用有关的知识与方法解决实际问题，培养学生的问题意识、应用意识和创新意识，积累学生的活动经验，提高学生解决问题的能力"。

基于以上认识，我们开展了小学数学综合实践课教学模式的行动研究。

二、研究的策划

行动主题：小学数学综合实践课教学模式的实践研究。

行动方法：观察法、调查法与行动研究结合。

行动时间：2015年10月—2017年11月。

参与人员：课题组全体成员。

行动流程：第一阶段，前期调查，分析现状；第二阶段，理论学习，提出模式；第三阶段，课堂实践，调整模式；第四阶段，行动总结，今后设想。

三、研究的过程

（一）第一阶段：前期调查，分析现状

为了更好地了解教师对综合实践课的认识，以便有针对性地开展研究，我们对本校的数学教师进行访谈，采取的方式有课堂观察、个别访谈等方式，课堂观察的内容是对各年级综合实践课的常态教学进行听课，个别访谈的内容是以六年级的"节约用水"与三年级的"数字编码"两个综合实践课为主，分别访谈六年级与三年级的三位教师，以下是部分课堂观察和访谈的记录。

1. 课堂观察案例简单描述

（1）四年级下册"营养午餐"。

教师的普遍教法：引导学生观察学校配给的三份菜谱，并根据课文给出的两份资料，计算三份菜谱中的热量、脂肪和蛋白质的含量，讨论这三份菜谱中的营养搭配是否合理，学生用课文提供的10种食品进行配菜，计算自己配置的菜的营养搭配情况并汇报。

（2）五年级下册"打电话"。

教师的普遍教法：出示题目，引导学生讨论打电话的两种方法，即教师逐个通知学生和分组通知学生。组织学生讨论两种方法的优劣，学生看书，讨论第三种方法，问：你会选哪一种方法？为什么？（第三种方法因为较难理解，学生自学时出现困难，普遍不能理解本知识点，导致后期学生均未能了解其优胜之处。课后了解，教师对于第三种方法的理解也不是很清晰。）

（3）关于六年级"节约用水"的教学思考访谈。

受访教师：因为课题是"节约用水"，所以我准备在课前让学生做实验，记录漏水的水龙头的漏水情况，再让学生计算一个漏水的水龙头浪费水的情况，再假设全国大约30万所学校，每所学校均有1个水龙头漏水，计算漏水总量，使学生了解浪费水所带来的损失，教育学生节约用水。

（4）关于三年级"数字编码"的教学思考访谈。

受访教师：我运用人教版的课件，先用动画提示邮政编码的作用及初步介绍邮政编码，再带领学生认识邮政编码中每个数字的含义，以及教学身份证编码中各个数字的含义，让学生了解数字编码的规范、简洁和唯一性，再让学生尝试自行编制学号。

2. 关于综合实践活动课教学现状的分析

通过课堂观察和访谈，我们发现，在现在的综合实践课教学中，普遍的做法是按照教材给出的例子进行教学，普遍偏向新授课的模式，个别教师因为顾虑到学生对知识的理解可能不够深入，采取了全堂引领、灌输的方式进行教学。学生在学习过程中，参与的程度不高，缺乏对各种能力的培养。

造成以上问题的主要原因如下：教师对综合实践课的认识不清；不能更清晰地掌握这类课型的教学方法；为教而教的现象严重，使综合实践课教学过分强调学生的"学"而忽视"学以致用"的教学目的。

（二）第二阶段：理论学习，提出模式

为了更好地引领教师理解综合实践课的本质，明确综合实践课的设置目的以及教学要求，我们开展了关于综合实践课教学的理论学习，学习的工具主要以《义务教育数学课程标准（2011年版）》以及各年级的教师用书为主。以下是《义务教育数学课程标准（2011年版）》关于小学两个学段的综合与实践教学要求的摘抄。

1. 第一学段综合与实践的教学要求

（1）通过实践活动，感受数学在日常生活中的作用，体验运用所学的知识和方法解决简单问题，获得初步的数学活动经验。

（2）在实践活动中，了解要解决的问题和解决问题的办法。

（3）经历实践操作的过程，进一步理解所学的内容。

2. 第二学段综合与实践的教学要求

（1）经历有目的、有设计、有步骤、有合作的实践活动。

（2）结合实际情境，体验发现和提出问题、分析和解决问题的过程。

（3）在给定目标下，感受针对具体问题提出设计思路、制订简单的方案解决问题的过程。

（4）通过应用和反思，进一步理解所用的知识和方法，了解所学知识之间的联系，获得数学活动经验。

通过学习，教师们普遍认为小学数学综合实践课应该体现以下几点特点：首先是生活实践特点，其信息来源与实验的对象都应该来自生活实践，而教学的目标也应该作用于生活实践；其次是综合性特点，教师应该引导学生综合运用所掌握的知识对生活信息进行整理分析，得出一些结论或者建立模型；最后是应该有数学的特点，学生在学习的过程中，如整理分析信息、建立模型等时，将会运用到数学的知识，如计算、画图、列表等工具。所以，教师要把小学数学综合实践课讲好，应该做到以下三点：一是通过调查与实验，收集生活中的相关信息与数据；二是指导学生综合运用所学知识，通过图表、计算等方式，对数据进行整理分析，从而得出结论或建立模型；三是运用所得的结论或模型，进行一些实践操作，解决生活问题，培养与提升学生的数学应用意识与创新意识。在此基础上，我们提出了小学数学综合实践课"探索—整理—实践提升"三步互动教学模式（图7-3）。

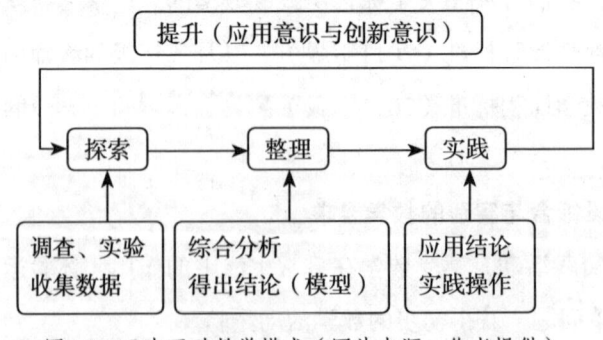

图7-3 三步互动教学模式（图片来源：作者提供）

（三）第三阶段：课堂实践，调整模式

为了更好地实践并检验综合实践课教学模式，即"探索—整理—实践提升"三步互动教学模式，我们课题组选取了两位教师执教的综合实践课进行研讨。

1. 黄老师"数字编码"

（1）初备及讨论。

本课是一节综合实践课，由黄老师执教，通过对教材与教师用书的研读，结合三步互动模式，明确本课应该包含以下一些教学行为：第一步是探索。学生课前搜集与数字编码相关的生活信息，包括门牌、身份证号码的含义等。第二步是整理。通过整理课前调查的信息，学生深入探索邮政编码及身份证号码的数字蕴含的意义，领悟数字编码的特点，并得出"运用数字编码的知识，可以使信息的呈现更规范简洁"的结论。第三步是实践提升。运用数字编码的知识，学生经历为自己和同学编制学号的过程，锻炼应用意识与创新能力。

（2）第一次试教与磨课。

在个人备课后，黄老师进行了第一次试教与磨课，他提出了以下问题：第一，教学邮政编码时，我运用了教材的课件，感觉不够流畅，应该怎样引入更好呢？第二，在备课的过程中，关于邮政编码与身份证的知识还有很多，我查到很多资料，但是安排不下，应该怎样取舍？第三，编制学号时感觉学生编制的学号很多都不同，各种编制方法都有，不好进行讲评，应该怎么处理比较好？

其他老师也纷纷提出自己的观课想法后，由苏老师进行了小结。

本次试教总体情况是把综合实践课上成一般的新授课了，感觉教师没有让学生自己去学，而且很多知识都是教师硬塞给学生的，没有完成课前所设定的教学目标。第一步探索的过程比较乱，教师在课前调查生活中的数字编码的时候，应该明确了解什么，调查什么信息，身份证的知识可以向家长了解什么，而且在课堂上的汇报也不充分，很多学生举手了也没给机会展示。建议让学生在课前准备时就进行组内沟通，上课也安排2分钟左右的时间让学生汇报，以

便于引入教学探索。第二步整理的过程，可以安排学生小组讨论邮政编码的数字含义，这样既能提升学生的学习兴趣，也可以鼓励学生大胆参与。关于邮政编码和身份证的知识的确有很多，但是这节是综合实践课，重点应该是通过学习这两种知识，帮助学生建立起"用数字可以表示一些生活中的具体意义"这样的概念，所以在课堂上学习两种知识的量可以适当减少，同时提示学生可以在课外再去深入了解即可。第三步实践提升是本课的重点，我们可以通过让学生经历学号编制的全过程，即制定规则—尝试编制—集体调整—学号编制这四步，培养学生应用数学解决生活问题的能力和创新意识。具体操作包括：让学生全班商讨"编制学号需要什么信息？这些信息有没有重复的呢？有重复的选哪一个更好？这些信息怎样排序更合理呢？"通过这些问题的解决，就可以制定相应的规则，使学生编制的学号更加规范。

（3）第二次试教与磨课。

在第一次试教与磨课的基础上，黄老师对教学设计进行了修改，并进行了第二次试教与磨课。

黄老师认为自己经过磨课的修改，上课的流程已经比较清晰了，但还是有几个地方存在疑问：一是学生对邮政编码的观察与猜测总是说不出重点，是否应该把这个环节去掉，直接告知学生？二是身份证知识的教学仍有很多知识应该教，但是这样就会导致后面的学号编制过程时间不足。三是编制学号时，学生普遍想不到应该编几位数字，若在制定规则时就把这个问题直接提出并做出规定是否更有效率？

其他教师也纷纷提出自己的观课想法后，由钟老师进行了小结。

本次试教的各个教学环节均较清晰，三步互动的教学目标达成度都有提升，特别是实践的实施很有效。第一步教学时，让学生观察和猜测邮政编码每个数字的意义时，虽然学生说不出重点，但是明显调动了学生的学习积极性，后面在学习身份证知识的时候，学生就表现得很主动并且大胆猜想；第二步整理的过程中，教学邮政编码和身份证知识对于学生建立"用数字可以表示具体的生活信息"的概念很有效，不需要再增添；第三步实践编制学号时，不必预先规定数字的数量，可以引导学生对规则进行再修改完善，这样实践的效果更真实。钟老师建议可以对学号编制进行适当的拓展，尝试在编制本校学号的基础上，加入本地区所有小学的信息进行编制。

在磨课的基础上，执教教师对教学设计进行了修改。

（4）常态课展示节选。

节选一：

实物展示信封。

教师：同学们，邮递员叔叔只需要看信封上的这一列数字就能知道把信送到哪里，你知道为什么吗？

揭示课题：数字不仅可以用来表示数量和顺序，还可以通过编码，表达一些特定的意义。

课件出示一些不同地区的邮政编码，让学生观察，说说编码的异同。

学生1：都有6个数字。

学生2：我看到前面4个编码（3个从化区的，1个花都区的）都由510开头。

教师：你的观察力真厉害，那么请你猜一猜这里的510是什么意思呢？

学生3：表示一些地方。

学生4：我知道（看课件）510是表示广东省广州市。

教师：你真厉害，你是怎么知道的？

学生4：我看到那里写着的（指屏幕）。

节选二：

教师：我们每位同学都有一个学号，你的学号是多少？××同学的学号是12号，但是其他班也有12号，这样就很容易混淆了，也不唯一，怎么办呢？我们能不能试着编一个唯一表示××同学的学号呢？

教师：请同学们仔细想一想，学号中要有哪些信息？先自己独立思考，再与小组同学交流，组长记录下讨论的结果。

学生进行小组活动，教师巡视指导。

集体汇报，选定入学时间、班级序号、班级学号、年级和性别。

教师：大家再观察我们选出来的信息，有没有什么信息是重复的呢？有没有什么信息不好编码的呢?(学生没回答)老师刚才看了一下年级这个信息,今年我们是三年级,那下一年四年级就要改学号,那么这个学号就要年年修改了,这样合适吗?我们再看一下其他哪个信息跟年级这个信息重复了呢?

学生5:入学年份。

学生6:我是2015年读一年级,现在2017年就是三年级了

教师:真棒!那么这些信息应该按什么顺序编排比较合理呢?

学生讨论汇报,教师调整:按入学时间、班级序号、班级学号、性别的顺序。学生给自己编号码,教师巡视了解情况,指导个别学习有困难的学生。

组织交流汇报,给予编码正确的学生以表扬和鼓励。

教师:谁愿意上台展示自己的号码,并说说每个数字代表什么含义?

小结:数字编码真是又方便又快捷。

2. 徐老师"节约用水"

(1)初备与讨论。

本课是一节综合实践课,通过初步讨论,确定由徐老师执教本课,并组织教师研读教材与教师用书,结合我们提出的模式,明确本课应该包括以下教学行为:第一步是探索,包括收集信息和初步分析数据;第二步是整理,包括运用数据进行分析、统计、整理;第三步是实践提升,包括根据第二步得出的结果,从量化的角度解决一些生活问题,并提出具体可行的节水方案并付诸行动。

(2)试教与磨课。

在教师初备的基础上,徐教师进行了试教,并进行了磨课。

徐老师觉得在教学中有几个困惑:一是计算的过程难度较大,学生花的时间较多,有的学生计算速度不够快而且错误的情况较严重,是否可以用计算器进行计算?二是数据分析的过程感觉很难掌控,是否可以省略?三是考虑到内容较多,时间不够,所以把提出节水方案改为直接由教师提出一些方案,让学生确认这些教学方案是否可行?

其他教师也纷纷提出自己的观课想法后,由钟老师进行了小结。

我们课前研读教材时提出的"探索—整理—实践提升"三步互动教学模式

在本课教学中都有实施，但是以下几点的实施仍需要改进：

第一步"探索"过程中，学生收集的信息种类较多，有些是1分钟的，有些是5分钟的，还有一个小组是1小时的，这样就导致课堂上汇报和整理的难度加大，时间也不好掌控，我们可以让学生在自行实验的基础上，对实验数据进行初加工，先算出1分钟的漏水量，这样既能确保课堂教学的进度，又可以达到信息收集与分析的目的。

第二步"整理"教学中，数据整理与分析推理可以使用一些条形统计图进行辅助，让学生经历综合运用知识解决问题的过程。因为涉及大量的计算，我们可以用计算器进行计算，因为计算器的使用本身就是学生已学知识的一部分，属于综合运用知识的范畴。数据计算出来之后，可以适当增加一些生活知识，如计算一天漏水量是108升时，可以出示一个28升容量的水桶，让学生建立一个漏水的水龙头一天的漏水量大约能装满4个这样的水桶这么一个概念，目的是让学生建立生活数学的理念。

第三步是"实践提升"，教师直接向学生提出一些具体可行的节水方案，这一点不符合"实践"的教学理念。本课作为一节综合实践课，其中的一个教学重点就是提高学生将数学应用于现实的能力，这是综合实践课的特征之一，所以由学生讨论并得出一些具体可行的节水措施必不可少，而且，可以适当增加一些节水措施宣传的内容，如张贴节水措施等。

（3）常态课展示节选。

节选一：

教师：大家调查的地点不一样，看来水龙头的漏水情况也不一样。大家认为我们可以用学过的哪个数据来代表这些水龙头的漏水量？

学生一起计算。

教师：刚才我们算出来了，一个漏水水龙头1分钟的平均漏水量约为63.8毫升，那么，一个漏水水龙头1小时、1天、1年又将漏水多少呢？

请同学们以小组为单位完成学习卡（表7-2）的任务：

表7-2 一个漏水的水龙头漏水情况统计表（表格来源：作者提供）

时间	1分	1时	1天	1年（365天）
漏水量/升				

各组根据自己计算的数据绘制出一幅折线统计图。

小组汇报。

教师：观察你们绘制的折线统计图，你从中获得了哪些信息？

学生1：漏水量随着时间的增加而增加。

教师：一个漏水的水龙头一天的漏水量大约是92升，你知道92升水有多少吗？（出示一个24升的塑料水桶）这个水桶能装24升水，一个水龙头一天的漏水量大约能装多少个这样的水桶呢？

1升水=0.001吨，想一想，一个漏水的水龙头一年大约浪费多少吨水呢？

学生计算：约是34吨水。

教师：同学们，一个漏水的水龙头一年就漏水34吨啊！那你们调查到我们小学有几个漏水的水龙头了吗？

学生齐答：没有。（听课教师笑）

教师：太好了，我们学校真是做到了节约用水啦。那么，假设每一所学校都有一个漏水的水龙头，全国大约有30万所学校使用自来水，这么多学校一年大约要浪费多少吨水？请大家立刻计算，把答案填在练习纸上。

教师：请你们根据刚才的计算结果，解决下面的问题：

① 如果1个人1年用30吨水，这些水可供（   ）人用1年。

② 如果水电厂平均每20吨水可发1度电，这些水可以发（   ）度电。

③ 一吨水的水价按2.5元计算，一年要浪费（   ）元水费。

④ 如果建一所希望小学所需资金约为30万元，这些费用约能建（   ）所希望小学。

（小组比赛，合作计算，各小组汇报结果。）

教师：谈谈你看到计算结果后的感受？（节约用水势在必行）

节选二：

教师：同学们，通过刚才的学习、讨论，在今后的生活中，我们一定要做到节约用水，那我们怎样才能做到节约用水呢？请大家分组讨论一下节约用水的措施，并把你们的措施写到我们准备的"小水滴"上（一张水滴状彩纸），如果你们小组讨论完成了的话，也可以到其他的小组了解一下别的小组是怎样思考的。

① 学生分组讨论，交流分享生活中的节水妙招。

② 各小组汇报并张贴"小水滴"，教师也参与其中，展示自己的"小水滴"。

节选三：

教师：刚才各小组的同学们都想到了很多好的想法，太棒了！为了更好地把我们的节水理念传达给全校每一个同学，我们可以为学校设计一句节约用水的口号吗？

学生激烈讨论并汇报。

教师：我们想出了这么棒的口号，还有这么多奇妙的节水措施，老师想请大家再做一件事情可以吗？今天有这么外校的老师来听我们的课，我们把一些节约用水的"小水滴"送给这些老师，请他们帮忙把节约用水的理念和方法传达到他们的学校去，好不好呢？

学生齐声回答：好！

（听课老师热烈鼓掌。）

教师的教学反思（节选）：

实施三步互动教学模式，确保了学生参与教学的整个过程。学生通过"探索"——收集资料，对水资源状况有了充分的认识，明白了节约用水的意义；"整理"——分析收集信息，运用计算、画统计图等方法，得出水资源珍贵，要节约用水的结论；"实践提升"——思考生活中节约用水的方法，提出节水口号，并且把主动把这些方法张贴在校园，送给听课的教师，让所有人都来参与节约用水行动。在这个过程中，学生都表现出极大的兴趣与积极性，参与度与参与面都得到了很大的体现。

（四）第四阶段：行动总结，今后设想

本次的行动研究，经过两年多的思考、学习与探讨，对于小学数学的综合实践课，我们的认识从开始的当成一般新课教学，到尝试放手教学，再到后来在理论指导下创立模式，用模式指导教学，我们对数学科的综合实践有了一个全新的认识。课题组的成员们对小学数学综合实践课的认识也得到了升华。回顾整个过程，我们做到了以下几点。

1. 始于课堂，回到课堂

我们的研究，从课堂观察中产生疑惑，进而引发思考、开展理论学习、提出模式，最后用课堂教学进行模式的实施与验证。这使我们的研究能服务于我们的课堂教学实践。

2. 坚持理论指导，使研究做到有的放矢

为了更有针对性地研究小学数学综合实践课的特点与它的教学要求，我们组织了对《义务教育数学课程标准（2011年版）》与小学各册教师用书的研究，同时还通过知网等渠道查找文献资料进行了深入的学习，使我们的研究始终坚持正确的方向。

3. 课堂教学实践与培训的结合，引领本地区教师共同进步

小学数学综合实践课的数量是比较少的，一个学期往往只有一节课或者两节课，但是，两年间我们仍然开展了对数学综合实践课的一次校际同课异构教研，两次本校的磨课教研，分别对六年级上册的"节约用水"、三年级上册的"数字编码"进行了研究。在研究的过程中，我们通过课题组带领磨课小组，再带动全科组的教师参与其中，让我们的行动研究面向本校与兄弟学校的全体数学教师，起到了较好的引领带动作用。课题主持人分别在区级教研和镇级教研活动中进行关于小学数学综合实践课教学的主题发言共三次，把我们的研究向其他学校的骨干教师进行了展示与推广。

小学数学综合实践课是一种较新的数学课类型，我们开展的"探索—整理—实践提升"三步互动模式研究只是一个开始，在相关的理论学习上仍比较欠缺，同时在小学不同的年段和年级的综合实践课中，对于不同的课、不同的要求方面的钻研还很不够，这两点都将是我们今后研究的主要方向。

第三节　小学数学计算课有效互动教学研究案例

一、教学科组的概念和作用

学校的科组，顾名思义，是同学科的教师因工作和学习的需要而结合成的小单位，因此，也就形成了学校教学与研究的最基层单位，它同时也是学校教学与研究最重要的部门。对于单个教师来说，"教而不研则浅，研而不教则枯"，而对于科组，则强调理清教学与研究之间的关系，并且使两者得到有机结合，使科组全体教师既成为教育者，同时也成为学习者、研究者。这样的"教中研"的模式，可以使全体教师保持活力，持续发展。如此，则可以在促进教师自身专业发展的同时，也促进学校教学质量的进步。在科组教研的实践过程中，我们一直坚持践行以上理念，使教与研较好地结合。我们可以从以下几个方面认识教学科组对教师教学的作用及意义。

（一）集体备课是科组教师"教中研"的有效载体

我校的集体备课分为两种：第一种是学校集中的同级、同科集体备课。每个学期开学初，先由年级的备课组长分单元按教师的风格和特长，让他们分别承担备课任务，研究课标，备好教材、学生、教学策略以及练习的设计等，要求教师们高质量完成备课。每次集体备课要做到确定的时间、确定的地点、确定的发言人，简称"三定"。集体备课由学校分管领导直接参与，主备人主讲，备课组成员共同研讨，不断碰撞智慧的火花，不断进行修改、补充。在备课资源共享的基础上，每个教师可以根据自己的教学实际和教学风格大胆进行个性化的修改和处理，使教学过程真正达到最优化，并且在课后反思教学中的成与败，不断丰富实践认识，以便在今后的教学中有所发扬与借鉴。第二种是在日常的教学中，同级科的教师经常进行的教学反思讨论，针对备课过程中的一些问题和课堂教学之后的一些感悟，教师们进行交流与商讨，各抒己见，共同分享教学过程中的点滴收获。两种集体备课方式的互补，使集体备课与日常教学紧紧结合在一起。充分发挥集体备课的力量，可以增强团队合作意识，帮助教师加深对教材的分析理解，拓宽教学思路，形成资源共享，让教师真正提高自己的教学水平。

（二）课题研究是"教中研"的有效途径

布科海姆在其著作《教师的研究》中提出："教师拥有研究的机会，如果他们能够抓住这个机会，他们将不仅能有力地和迅速地推进教学的技术，并且将使教师工作获得生命力和尊严。"我校数学科组重视课题研究，在课题研究中寻求发展。上一个数学科组的市级课题《挖掘与利用农村地域下的数学资源，内化生活数学》的研究与结题，促进了教师们对教学问题的发现、思考、对策，促进了教师们对教育理论的学习并提高了教师用理论指导教学实践的能力，最终促进了教学质量的提高，在取得并形成了一批具有推广价值的研究成果之外，也提高了教师们的专业水平。麦月连老师光荣地成为广州市农村学校的骨干教师培养对象；骨干教师们的理论和总结水平有了明显的提升：3位骨干教师的论文在省级以上刊物上发表；多位教师的论文获广州市和从化区评比一、二等奖；有5位教师参加从化区赛课或竞赛分别获一、二等奖。

结合我校正在创建"和雅学校文化"的大环境，我们科组正在积极地开展讨论，将"和谐互动"的课堂教学作为我们的课题研究方向，我们打算通过课题研究，为每位科组成员找准课堂教学特色和发展的方向，把科研与教师的专业发展更紧密地联合起来，使大部分教师可以成为教有特色的优秀教师。

（三）教师专业发展是"教中研"的目的

为了更好地推进教师的专业发展，我们科组在紧抓课堂教学技能训练的同时，还特别注重对科学的理论知识的学习，坚持理论结合实践。主要方法有以下几种：第一，有计划地组织教师阅读教学杂志中的优秀教学案例，研究有关课堂教学技能，观看名师课堂教学的优秀课例录像，用案例展示理念，让理念回归课堂，以此搭建理论与教学实践的桥梁，让教师们从中学习别人先进的教学方法、教学手段，取长补短，提高自己的教学技能。第二，积极组织教师参加省、市、区和学校不同层面的业务培训，并参加广州市中小学教师继续教育培训。在各类学习与培训中，我们明确要求教师们带着问题与困惑走出去，带着启迪与思考而归来，带着实践与反思工作，认真写好收获与反思，在科组教研活动中交流成功的经验。

为了更有效地调动教师的参与积极性，我们要建立一个合理、科学和有效的以教师为本的提升专业技能的激励性机制，把学校的发展目标与教师个体的发展相结合。我们要针对教师的自尊、自我实现价值等精神需求，实事求是地肯定教师工作的成绩，公开地做出评价，将物质奖励与精神奖励有机结合起来，实现同步激励，切实调动教师工作的积极性和创造性，使教师与学校共同发展。近两年来，我校开展了公开评选"学校学科带头人""校级骨干教师""优秀教学能手"和"先进备课组"活动，形成了诚信、团结、互助、和谐的校园氛围，学校的教学质量有了较大的提高。

我们还健全了科组研讨制度。每学期，每个备课组围绕科组设立的教研专题开展"同课异构"或是"一课多上"的同伴互助式教研活动，加强对课例的研讨。每次研讨活动均做到专人负责、主题化、系列化，有目的、有组织、有计划地进行。我们要求各备课组关注教师的参与度、反思的深刻度和与课堂实践的结合度，注重研讨实践过程的有效性，努力提升研讨活动的内涵和张力。例如，上学期我校根据市工作重点，以及教师在估算教学中遇到的困难和疑惑，开展了二、三年级关于估算教学主题的研讨活动，及时交流反思研讨效果，教师在活动中收获很大。

作为一个最基层的教研机构，科组的存在使教师组成了互相借鉴学习、共同提升的共同体。而坚持教学实践与科学研究相结合，坚持教师的个人发展目标与科组教师共同努力目标相结合，使我们的科组显得更有实践意义，也更加精彩。

二、"计算有效教学"专题教研活动案例

（一）教研活动背景

结合从化区小学数学科组的第二届小学数学"十佳"青年教师课堂教学展示活动，我校数学科组在这个学期把计算有效教学研究定为校本专题教研活动的内容，进一步深化对计算有效教学的研究，通过磨课、课例展示，为"十佳"青年教师提供展示与交流的平台，提高其教学技能，充分发挥"十佳"青年教师在小学数学教学工作中的示范、引领作用，全面推动教师们的专业成长，切实提高数学课堂教学的质量。

（二）教研活动目的

1. 解决教师在计算教学上的困惑

新课程改革对计算教学的目标进行了适当调整，降低了计算教学的难度要求，指出"让学生在现实情境中体验和理解数学"。在计算教学的课堂中，教师往往从学生身边的实际问题引入，使学生将生活问题转化成数学问题，再逐步引导学生分析数量关系，思考用什么方法列式，进而探索如何计算、如何解决问题，突出计算方法的合理、简便与灵活，并注意把各种计算（口算、笔算、估算、简便计算）有机地联系与整合起来，逐步提高学生在实践中应用各种计算方法的能力，提升学生的计算素质。但是，这样又不可避免地导致课堂上学生进行计算练习的时间和量都少了，这样就容易出现忽略学生对算理的深入理解，对计算方法的总结、巩固及应用的情况，结果学生常常是算式列对，而计算出错，即出现了一些顾此失彼的现象，以至于很多教师认为现在的计算课教学倒不如原来的传统课堂来得扎实。为了应对这种情况，有的教师片面地增加学生的课外作业量，认为对于计算练习只要反复进行，就一定能见"成效"，这样反而加重了学生的学习负担。因此，如何设计并上好一节高质量的计算课是我校教师在教学上急需解决的问题。

2. 展示交流与互动学习的平台

这次教研活动以磨课为契机，为科组教师交流与互动学习搭建了很好的展示平台，能有效地促进教师之间多种思想的交流与碰撞，演绎科组教师的群策群力，提高科组成员的互助能力，实现教师们的专业化成长。开展"十佳"青年教师优质计算课课例的展示观摩活动，充分发挥"十佳"青年教师在数学教学工作中的示范、引领作用，有效地促进了我校数学计算课堂教学质量的提高。

（三）教研活动的组织

活动方式：研讨课。

活动时间：2012年9月11日—29日。

组织负责：钟老师。

活动成员：学校数学科备课组以及从化区小学数学五年级中心组成员。

教学内容：义务教育课程标准实验教科书（人教版）五年级上册第21、22页的例5、例6及相关的练习。

课例执教：巢老师。

活动程序：学校备课组集体备课—第一次试教—从化区小学数学中心教研组点评—第二次试教和学校教研组评课—确定教学设计—上从化区小数公开课—执教者反思—本次教研活动收获。

（四）教研活动具体流程与评析

1. 学校备课组集体备课

（1）由执教者说课。

巢老师对这节课的整体教学构思进行说课，其中重点是教与学各个环节的具体安排与操作实施。巢老师针对如何有效地突出重点、突破难点以及计算练习训练题组的设计进行说明，并提出了自己在备课中遇到的困难和疑惑，请求学校数学科备课组教师的帮助。

（2）学校备课组集体备课。

根据从化区小学数学计算教学新的备课要求，学校数学科备课组对照学业质量评价标准和教学用书，重点对计算教学备课记录表的知识点分解、典型例题、例题的起点和生长点等几个内容进行交流、讨论。具体见表7-3。

表7-3 教学备课记录表（表格来源：作者提供）

知识点	一个数除以小数
分解	除数与被除数的小数位数相同；除数的小数位数比被除数少；除数的小数位数比被除数多（被除数的末尾要添0）
典型例题	课本第21、22页的例题5、6以解决问题的方式呈现，考虑到本知识点的解决重点在于通过商不变性质对被除数与除数进行转换，所以把例5换成一个直接的计算题，解决问题的例5放到练习中进行
例题起点	小数除以整数、商不变性质
例题生长点	用已有的知识把除数是小数的除法变成除数是整数的除法

另外，根据本节课的教学目标和计算教学的要求，学校数学科备课组成员给了巢老师以下几点修改建议：

①复习旧知识，引入新课。

②口算：

1.2×10=   1.2×100=   1.2×1000=

12÷6=   120÷60=   1200÷600=

③修改说明：这样修改既复习了商不变的规律，又复习了一个小数扩大到原来的10、100、1000倍，是把它们的小数点都向右移动一位、两位、三位的。

④练习设计。

删去第3小题，预计到学生在实际计算中一定会出现较多的错误，决定以这些课堂上生成的教学资源作为展示，让学生在发现和修改错误的过程中掌握知识。

2. 邀请从化区小学数学中心组成员到校听评第一次试教课

9月25日下午2：00，从化区城区教育指导中心业务干部李武东老师、广州市小数科特约教研员李彩燕副校长和从化区小学数学五年级中心组成员等一行5人到我校听评第一次试教课，同时根据试教内容和试教情况进行全面的交流、讨论，并做出如下修改：

（1）复习旧知识，引入新课。

（2）口算。

1.2×10=   12÷6=

1.2×100=   120÷60=

1.2×1000=   1200÷600=

竖式计算：3.6÷12=

小结除数是整数的小数除法的计算方法。

在学生进行计算后把题目改为3.6÷1.2。

（3）修改说明。

一是改变口算题的呈现方式，使商不变性质和小数点如何移动这两个知识点更清晰地呈现；二是以除数是整数的除法引出除数是小数的除法，通过比较引出新知识教学。

（4）探究新知识。

① 初步探究计算方法。

提问：除数是小数的除法我们学过没有？能不能把它转化成我们学过的知识呢？（小组讨论：探究除数是小数的计算方法）

② 教学竖式的书写方法（图7-4）。

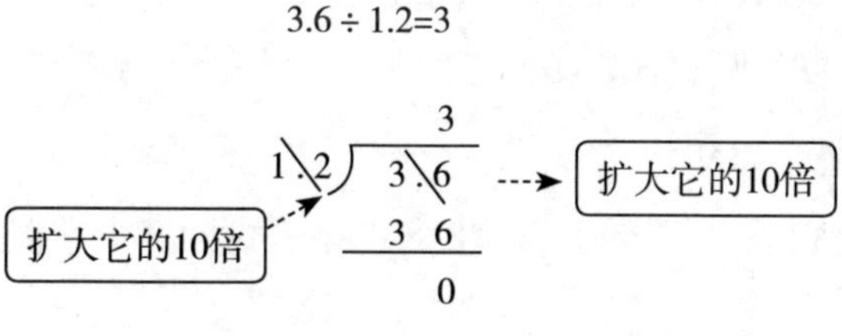

$$3.6 \div 1.2 = 3$$

图7-4 除数是小数的除法竖式的书写方法（图片来源：作者提供）

③ 在教学3.6÷1.2的计算后，增加下面两道竖式题（不用学生计算，只是划掉除数和被除数中的小数点，使除数变成整数）。

④ 修改说明：除数是小数的除法的知识点可以分解为除数与被除数的小数位数相同、被除数的小数位数比除数多、被除数的小数位数比除数少三种情况。新课的教学重点是被除数的扩大倍数要根据除数的小数位数而定，这里把

三种情况一齐出示并进行比较，可以使知识得到完整的呈现，也能使学生更清晰地理解教学重点的含义。

⑤ 在练习设计环节中，从化区小学数学中心组成员充分研究每道习题，细心揣摩每道题的教学、教育功能，对习题的内容和形式都能为巩固和发展学生所学的知识服务吗，每一道题的作用是什么，练习设计中还有哪些不足，如何改造和补充等方面都进行了反复揣摩，具体修改如下：

基础练习：把下面的题转化成除数是整数的除法（不用计算）。

第一组：$0.25\overline{)075}$　　$8.7\overline{)2.61}$　　$0.31\overline{)12.4}$　　$0.23\overline{)46}$

第二组：$4.68 \div 0.12 =$ _____ $\div 12$

　　　　$2.38 \div 3.4 =$ _____ $\div 34$

　　　　$5.2 \div 0.32 =$ _____ $\div$ _____

　　　　$18 \div 4.5 =$ _____ $\div$ _____

修改说明：在基础练习环节增加第一组，划掉除数和被除数中的小数点，除数转化成整数后，被除数可能出现以下情况：被除数仍是小数；被除数恰好也变成整数；被除数的末尾还要补"0"。

在第二组的练习中，对原来的题目只做了小小的修改，设计的要求同样是当除数转化成整数后，被除数出现了上述三种情况。这样的设计让学生加深了对"除数和被除数小数点的位置是如何移动和确定的"的印象。

对应练习：我会算（竖式计算）。

$1.28 \div 0.16 =$　　　　$3.9 \div 0.26 =$

修改说明：通过独立完成练习，学生真正在竖式计算中掌握除数是小数的除法的计算方法。

综合练习：一支钢笔的价钱是8.6元，103.2元钱能买几枝这样的钢笔？

修改说明：应用生活中的实际问题，让学生通过正确的计算解决生活中的数学问题，从而提高对数学学习的兴趣。

修改说明：一是以游戏的形式，让学生进一步熟悉小数除法计算，培养学生的逻辑思维能力；二是让学生进一步明确运用小数除法计算时，根据商不变性质把被除数与除数同时扩大只是一种计算的手段，而原来的除数与被除数并无改变，在避免学生形成错误理解的同时，也为今后教学有余数的小数除法埋下伏笔。

3. 对执教者的教学技能进行"磨炼"

为了更好地呈现一节精彩课堂，也为了更好地提升执教者以及参与者的教学技能，学校备课组对本课的各教学流程进行了再三的揣摩，主要方式是在没有学生的情况下，由执教者分段展示各个教学环节，学校备课组成员则指出存在问题以及改进的办法，个别环节的教学甚至由备课组成员展示不同的处理方法，然后对各种方法进行分析、取舍，用这样的形式，对各流程的教学要点、执教者的语言甚至教学状态等进行精心打磨。

4. 执教者对计算教学的设计与实施的反思

"除数是小数的除法"是小学数学教学中的一个重点，又是难点，它在计算教学中处于关键地位。本节课的教学重点是让学生理解并掌握一个数除以小数的算理和计算方法。教学难点是让学生理解"被除数的小数点位置的移动要随着除数的变化而变化"。关键是根据"除数、被除数同时扩大相同的倍数，商不变"的性质，把除数是小数的除法转化成除数是整数的除法进行计算。

本节课引入新课的口算有两个目的：一是回忆当一个数扩大10、100、1000倍时，小数点向右移动几位；二是回忆商不变性质，商不变性质正是联系旧知识与新知识的桥梁，也是新知识的最佳生长点。

（五）教研活动收获

我们可以形象地把磨课称为"琢玉"——琢课堂设计自然之美，琢课堂教学细节之美，琢师生活动灵巧之美。磨课是教师集体反思的过程，是教师集体成长的过程，也是每一个教师"化蝶"的过程，它是痛苦的，但痛苦的历程会促进教师专业的发展和能力的提升，使教师能轻盈地飞翔在教学的天空。

"宝剑锋从磨砺出，梅花香自苦寒来"。磨课的过程既是一个学习、探究、实践的过程，也是一个合作交流、反思、创新的过程，更是一个专业素养提升的过程。在这次磨课活动中，巢老师的教学风采得到充分展示，他的教学水平也达到了一个新的高度。特级教师黄爱华曾说："磨课、磨人。"当时只是感觉磨课真不容易。这次经历了磨课的过程让他才真正体会到了"磨课、磨人"的味道。他在一次次的试教过程中磨教学环节、磨每个细节、磨他该说的每一句话。在这样的"磨砺"中，他更好地感悟学生、感悟课堂，这个过程使他得到了进步、成长、提升。就像"蚕一次次蜕变，最终吐丝结茧化蛹成蝶、脱胎换骨"。同时，对于备课组成员及观课者来说，也都获得很大的收获。因为，从备课开始，大家就群策群力、团结合作，集众人的教学智慧，勾勒了教学的总体脉络。在一次次的课堂实践中，我们的设想、环节、方法、技巧、预期的教学效果都得到了检验。一次次调整方案，也就是在不断地接近教学真谛。所以，磨课过程也是所有参与者教学技艺得到锤炼、提高的过程。

本次计算有效教学主题式教研活动的开展是非常成功的。教师们在磨课过程中，经历了对新课程关于计算教学理念的学习、与同事间的互相交流学习、对教材的剖析、对学生学情的分析、对课堂教学目标的合理设置、对课堂教学方法与策略的最优化选择、对计算练习题组的设计以及对今后如何改进自己的计算课堂教学的思考等过程，实实在在地体会到了教学中的问题是如何产生，又是如何解决的。在整个磨课、课例观摩活动的过程中，不单是"十佳"青年教师，整个科组的教师都积极主动参与，在讨论交流中都能畅所欲言，发表自己的真知灼见，不断碰撞出灵动的思维火花，激活了教师的群体智慧。"磨课"，磨出的是执教者的教学技能，更是我们科组全体教师的教学技能与教研水平的提升。它帮助教师实现了专业化成长，让校本教研真正成为教师共同分享经验、互相学习、共同成长的平台。

第四节　小学数学解决问题课有效互动教学研究案例

一、案例

小学数学应用题的教学一直以来都是教师探索的重点和难点。应用题来自生活实践，不同的场景、不同的阐述方法都会形成一道道不同的题目，如何引导学生通过阅读和理解，很好地分析题目里的数量以及它们之间的关系，然后选择合适的数量关系解决问题呢？根据不同的特征，归纳不同的类型，并且建立起各类题目的解题模型，做到教会学生一道题，让学生学会一类题。在新教材当中，我们能经常看到这种思维方式的体现。例如，在工程问题的例题教学当中，我们合理参照课本的例题设置，创设了互动探索的教学情境，引导学生参与到新知识的学习当中，学生通过互动探索的过程，成功地体验了工程问题解题模型的建构。下面我们来看一些课堂实录。

（一）题组一

（1）修一段路，甲队5天修完，平均每天修这段路的几分之几？

（2）修一段2千米的路，甲队12天修完，平均每天修这段路的几分之几？平均每天修多少千米？

设计意图：

抓住新知的起点，明确解决分数应用题时可以把总工程量看作单位"1"进行解题，为学生跨越量与率的壁垒做准备。

（二）题组二

解决下面的问题，并说说根据什么数量关系列式：

（1）修一段2千米的路，甲队每天修$\frac{2}{5}$千米，几天修完？

（2）甲乙两队合修一段2千米的路，甲队每天修$\frac{2}{5}$千米，乙队每天修$\frac{1}{5}$千米，几天修完？

设计意图：

引出一般工程问题求工作时间的解题模型（工作时间=工作总量／工作效率和），以此为新知识的生长点，为学生学习新知识做好铺垫。

出示例题：修一段公路，甲队单独修4天修完，乙队单独修6天修完，两队合修，几天修完？

引导读题：请观察题中信息和问题，你发现了什么？

学生1：我发现这道题好像有问题。

学生2：对，我也觉得，哦，是不知道路的长度，缺少了工作总量，这道题解决不了。

教师：大家同意吗？

学生：同意。

教师：嗯，差一个关键信息，那我们可以试一下用假设法，把"公路的长度____千米"这个信息补进去，行不行呢？你准备把公路长度定为多少呢？

这时，学生纷纷七嘴八舌说了起来：

我把公路长度定为4千米。

我把公路长度定为5千米、6千米……

教师：看来同学们都有好多想法嘛，我看到有些小组内部就有不同的想法。那不如这样吧，请各个小组长统计一下自己小组有几个不同的想法，然后小组分工合作，把不同的想法都算一算，看看结果怎样，好不好？

小组长组织进行尝试计算，教师巡视，并对一些小组合作情况进行记录。

师：我刚才发现第4、8两个小组的同学好像发现了点什么，请他们来说说好吗（图7-5）？

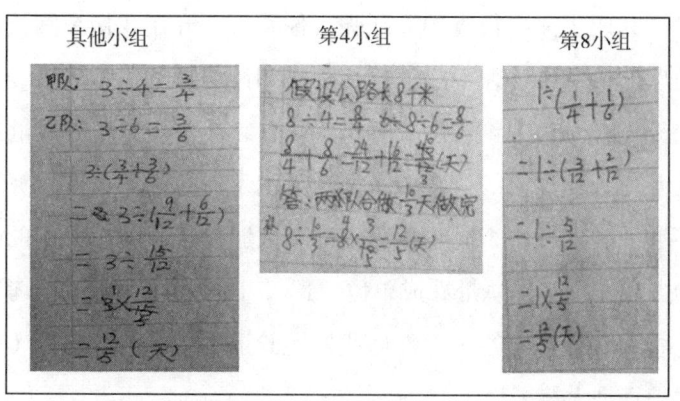

图7-5 学生堂练本摘录（图片来源：作者提供）

第4小组代表：刚才我们假设公路长度分别为4千米和6千米，我们发现都是 $\frac{12}{5}$ 天完成的，好奇怪。

第8小组代表：我们刚才先是假设了2种不同的长度，同样发现都是 $\frac{12}{5}$ 天完成，然后我们又假设公路长度为1千米，结果还是 $\frac{12}{5}$ 天完成。

这时另外一个学生小李恍然大悟地说："老师我有发现，如果把公路长度看成1，那么这道题的答案也应该是 $\frac{12}{5}$ 天。"

教师：你所说的"把公路长度看成1"是1千米吗？

小李：不是1千米，而是直接把"公路长度"假设为单位"1"。

教师：哦，你是想不用实际数量，直接用单位"1"表示工作总量是吗？这方法看起来不错，我们大家来试试看行不行。

学生独立完成后，展示其中几个正确的练习本，并提示其中的关键点：列式中的1表示什么？（把公路长度看成单位"1"） $\frac{1}{4}$ 表示什么？（甲队每天做工程的 $\frac{1}{4}$ ） $\frac{1}{6}$ 呢？（表示乙队每天做工程的 $\frac{1}{6}$ ） $\frac{1}{4}+\frac{1}{6}$ 表示什么？（甲乙两队合作每天一共完成数量的对应分率）那么，这个答案是否正确呢？

学生验证。

教师：大家觉得这个假设成立吗？（同意）真是太好了！知道吗？其实

刚才你们已经完成了一次很大的飞跃呢，你看，一开始我们在阅读的基础上，都觉得这道题的信息不够，不能计算（板书阅读与理解），然后经过大家想办法，假设公路的总长度是4千米、5千米、6千米等一些实际的数量并且进行计算，但是在互相合作探讨的过程中，发现无论工作总量怎么变，算出来的工作时间都是不变的；然后小李同学提出的一个大胆设想，就把我们的思路带进了一个以新的方式，把工作总量看成单位"1"，以分数应用题的思考方法来解决工程问题（板书分析与解答），然后我们还验证了结果的准确性（板书回顾与反思），你们真是太棒了！

二、教学反思

应用题教学的关键在于建立模型，我们所学的数学公式、运算定律以及众多的数量关系式等，这些都是解决问题的模型，运用模型能为学生解决问题提供正确的思路与方法。在常规课堂教学中，我们往往会重视一些数学公式的推导，使学生能更好地理解模型，但是应用题的模型就往往简单地把方法直接交给学生，然后就通过生硬的题海练习让学生熟记，这样的教学就是典型的"授之以鱼"。这与素质教育的宗旨是相悖的，要达到提高学生素质的教学目的，必须激发学生的学习欲望，再带领他们参与探索，使知识的生成符合认知规律。

工程问题的解题关键是把一项工程看成一个单位，用分率代换了具体的数量，这是分数意义在日常生活中的一个实际运用，更是学生认知上的突破。在以前的教学中，我们通常会按以下的顺序进行教学：第一步，用已知工程总量的工程问题引发学生回忆一般的算法；第二步，去掉工作总量，再提出问题，引发学生的质疑；第三步，教给学生$1 \div (\frac{1}{A} + \frac{1}{B})$的解题模型，让学生尝试解答；第四步再设置不同的习题，让学生熟悉模型，加深记忆。在这种教学方法下，我们可以发现解题的模型是教师教给学生的，学生只能被动地接受，对于为什么要用模型、模型的原理等均无法做到很好地理解与感受。

本例中，为了使学生的学习形成更好的生成状态，教师采取了"合作互

动,深入探究,助推学生自主建模"的方法,设置了两个准备题组,为学生的学习提供"生长点"。下面我们对案例进行逐步分析:

第一步,先设计一个疑似不可解决的问题(没有了具体的工作总量),鼓励学生用假设法设置不同的工作总量进行计算。

第二步,进行小组合作互动探究。由于采取了小组合作的解题模式,形成了每名学生都能参与的情况,小组的假设与尝试次数就自然地增多了,而且身边同学做的假设使得参与其中的学生生成了非常明显的体验效果。学生在小组进行计算、对比以及探讨后,就会惊奇地发现:虽然工作总量不同,但是算出的工作时间都是相同的。这样就引发了学生的兴趣与思考动机,成功将学生引导到了突破认知的关键点。

第三步,精心组织语言,引导学生突破认知的关键。在这里,教师原来准备了两套预案:一是由学生自行悟出用"1"表示工作总量;二是当学生不能自行悟出的时候,教师可以进行提示:"请大家回想一下,我们在学习分数意义的时候,可以把总量看成是什么?"实践证明,只要我们给予学生足够的空间,他们的观察力与想象力是非常出色的。在本案例中,学生通过小组互相印证与讨论,自行得出用单位"1"代表具体的工作总量的想法,很好地跨过了量与率之间的对应关系壁垒,顺理成章地推导出工程问题的解题模型。这样的教学,使学生经历了工程问题的解题模型建立的过程,为学生更好地理解与建立模型打下了坚实的基础。

第五节　小学数学课堂有效教学研究案例

一、案例

新一套数学义务教育实验教材的使用，在一线教师当中引起了不小的争议，通过将近两年的学习与实践，我们发现了新教材所展现出的优秀理念，也积累了一些较好的案例，从实践的层面上对新教材有了一个较新的认识。我校陈老师在教学二年级下册"有余数的除法"的过程中，充分发挥新教材注重操作性和直观性的特点，为学生创设动手探究的情境，给予学生与教材互动的空间，并取得了较好的教学效果。下面我们来看几个相关的教学片段。

（一）创设导入情境，体验除法的生成

把下面这些草莓，每2个摆一盘，摆一摆（图7-6）。

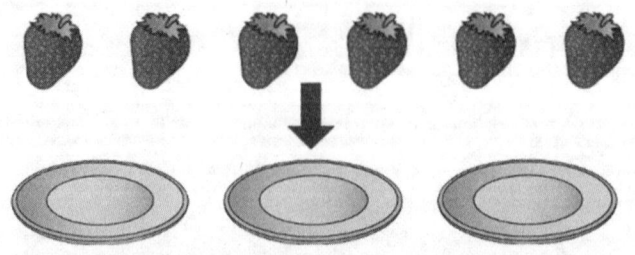

图7-6　分草莓（一）（图片来源：作者提供）

教师提问:

(1) 同学们读一读,说一说你看到了什么?

(2) 用你们手上的学具摆一摆,一边摆一边说一说你是怎样摆的。

(3) 刚才你是怎么摆的,你能用算式表示出来吗?

(4) 根据学生回答,教师书写板书:6÷2=3(盘)。

(5) 请你说一说这里的6、2和3分别表示什么意思。

(二)设置矛盾情境,初步感知有余数除法的意义

把下面这些草莓,每2个摆一盘,摆一摆(图7-7)。

教师提问:

(1) 请用手中的学具边说边摆。

(2) 在摆的过程中,你们发现了什么问题?(学生回答:剩下一个草莓没有地方摆了。)

(3) 也就是说:7个草莓,每2个摆一盘,摆了3盘,还剩下1个,我们应该怎样用算式表示出来?

(4) 教师板书:7÷2=3(盘)……1(个)。

(5) 你能说一说算式里的7、3和2分别表示什么吗?1又表示什么?

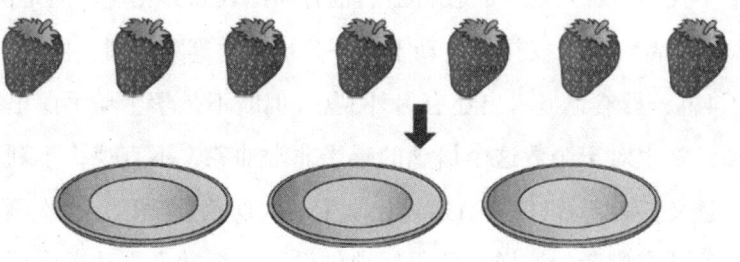

图7-7 分草莓(二)(图片来源:作者提供)

(三)比一比,在对比中理解余数的含义

教师:刚才我们分了两次草莓,写出来的算式有什么不同吗?为什么呢?

学生:第一次分6个草莓,每2个摆一盘,摆了3盘,刚好摆完。但是第二次分7个草莓,每2个摆一盘,摆了3盘,还剩下1个。

学生:第一次分草莓的算式是6÷2=3(盘),第二次分草莓的算式是

7÷2=3（盘）……1（个），多了1个草莓。

教师讲解：嗯，真聪明！因为第二次分配后还剩下1个草莓，所以我们在第二个算式里就用6个小点表示还有剩余，"1"表示剩下的1个草莓，所以它的单位是"个"，我们就把这个"1"叫作"余数"。（板书：余数）

（四）引导学生与教材对话互动

请同学们翻开书本看例1，大家还有什么疑问吗？完成做一做的内容。

（评讲的过程中，教师把"包含除"与"平均分配"这两种情境中余数的单位进行对比，使余数的知识得到完善。）

二、案例反思

（一）创设探究情境，体验知识的生长

生活实践中，我们在"平均分"时经常出现两种不同的情况，一种是"正好分完"，另一种是"分后还有剩余"。但是，我们试图把余数的知识教给学生的时候，往往会出现学生不理解、不会做题的情况，怎样才能更好地把生活中的数学与系统的数学知识建立起联系，从而帮助学生建构完整的知识体系呢？新教材为我们提供了很好的思路。从新教材（图7-8）与旧教材（图7-9）的对比中，我们不难发现：旧教材虽然也有插图表示分花盆，但是例1的花盆的摆放显得杂乱，没有安排学生动手分一分或者动笔圈一圈，例2的花盆则是直接分了4组，虽然也显示出还有另外3盆，但既不是学生动手摆出来的，也不够清晰，学生对于余数这个概念的感受非常抽象，不直观，不利于学生感受余数的意义；而新教材的例1通过让学生两次摆草莓学具，一次刚好摆完，一次摆完后还有剩余，这样，就很好地创设了一个学生主动操作探究的学习情境，成功沟通了余数的生活表象与数学知识之间的联系，达到直观感知知识的目的。

（二）与教材进行对话互动，主动建构知识网络

在有余数除法的教学实践中，余数与商的单位异同一直是一个难点，新教材运用题组设计很好地解决了这个难点。例1后的"做一做"设置了两个题组，展示有余数除法的两种不同情况以及不同的表达算式。本案例中，教师在例1学

习后,马上让学生看书质疑,并在学生独立完成"做一做"后,引导学生通过对比、说理等方式,突破本课的学习难点。过程中教师给予学生与教材对话互动的空间,在引导学生学会看书、做题、观察等学习技能的同时,也完善了学生对新知识的理解,使学生在主动学习的过程中建构起新的知识网络。

通过对新教材与新教师教学用书的研读,我们觉得新教材在知识的呈现形式上,较好地遵循了"实践—认识—再实践"的认识规律,注重调动学生学习的积极性和主动性,让学生在参与中感知、在实践中感悟、在体验中建构。我们在教学中应该充分发挥新教材的优势,努力创设情境,加强生本互动,使学生掌握观察、操作、交流、概括等数学技能,发展其思维,使其学会学习。

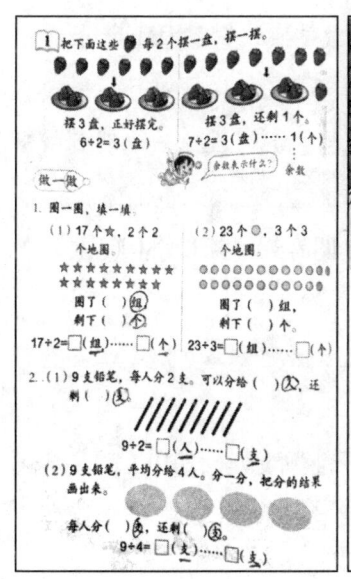

图7-8　新教材

（图片来源：作者提供）

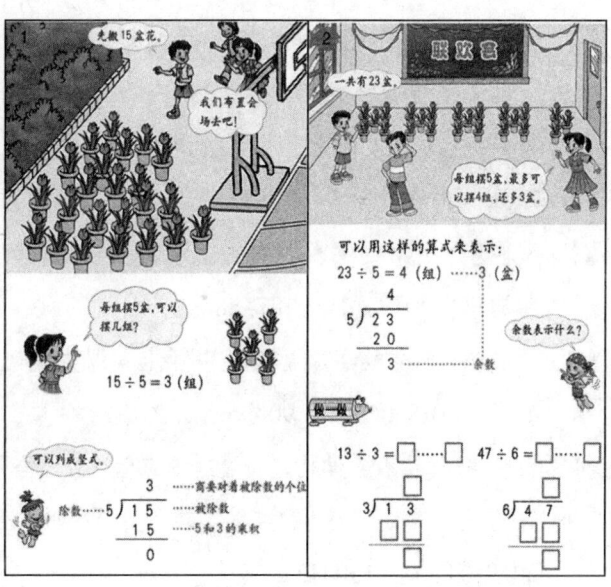

图7-9　旧教材

（图片来源：作者提供）

参考文献

［1］张春莉.小学数学互动式教学［M］.北京：北京师范大学出版社，2014.

［2］李国强.小学数学教学技能实训［M］.杭州：浙江大学出版社，2017.

［3］高建华.小学数学教学技能及训练［M］.武汉：武汉大学出版社，2014.

［4］高静波，刘艳艳，石祥.数学课堂模式改革与教学实践探索［M］.长春：吉林人民出版社，2017.

［5］李伟.走进高效课堂：小学数学教例评析与反思［M］.北京：光明日报出版社，2013.

［6］费晓华.小学数学教学中有效课堂教学情境创设的策略探析［J］.数学教学通讯，2019（1）：87-88.

［7］蒋敏杰.小学数学课堂教学中师生"课堂交流"研究述评［J］.江苏教育研究，2019（Z1）：90-95.

［8］范晓彬.优化教学结构，打造有效课堂［J］.当代教研论丛，2019（2）：76.

［9］许文平.浅谈小学数学课堂教学中问题的设计［J］.中国校外教育，2019（11）：130-131.

［10］左建峰.基于核心素养下的小学数学有效课堂［J］.读与写（教育教学刊），2019，16（4）：163.

［11］吴增廷.论数学情境教学的开展方法［J］.成才之路，2019（12）：54.

［12］张鸿超，敖特根.小学数学有效课堂教学的探究［J］.呼伦贝尔学院学报，2019，27（2）：136-138，26.

［13］解飞飞.生本理念下的小学数学课堂观察探微［J］.华夏教师，2019（15）：49.

[14] 张守军. 新课程下如何提高小学数学课堂教学有效性[J]. 课程教育研究, 2019（22）: 140–141.

[15] 林活强. 小学数学有效课堂创建的意义[J]. 教育观察, 2019, 8（29）: 122–123.

[16] 王燕玲. 小学数学课堂中师生互动的探讨[J]. 学周刊, 2019（7）: 106.

[17] 邓勇. 小学数学课堂教学行为问题诊断策略[J]. 内江科技, 2019, 40（3）: 145, 29.

[18] 冯清玉. 让有效互动带给课堂生命的灵动[J]. 黑河教育, 2019（1）: 43–44.

[19] 于亚文. 浅议如何在小学数学课堂中实现有效的课堂互动[J]. 学周刊, 2019（11）: 67.

[20] 陈嵩伟. 小学数学课堂教学师生互动有效生成策略[J]. 当代教研论丛, 2019（4）: 54.

[21] 何拴成. 互动在小学数学课堂中的应用及策略分析[J]. 学周刊, 2019（19）: 28.

[22] 朱瑞娟. 如何在数学课堂中开展互动教学[J]. 小学教学参考, 2019（17）: 84–85.

[23] 卢添枝. 小学数学课堂有效互动的策略研究——"1分有多长"[J]. 数学学习与研究, 2019（13）: 39.

[24] 康传发. 问题情境在数学教学中的应用策略探究[J]. 成才之路, 2019（20）: 91.

[25] 孙秋. 互动教学，让数学课堂充满魅力[J]. 教育观察, 2019, 8（29）: 121, 125.

[26] 张作嵫. "互联网+"视域下小学数学教学的优化策略[J]. 西部素质教育, 2019, 5（23）: 112–113.

[27] 杨梅. 基于智慧教室的小学数学课堂互动行为研究[D]. 苏州: 苏州大学, 2018.

［28］刘然.小学数学教师课堂设问的个案研究［D］.济南：山东师范大学，2018.

［29］李楠.教师提问对学生认知水平的影响研究［D］.临汾：山西师范大学，2018.

［30］张梁梅.小学数学分数概念有效教学的实践研究［D］.南京：南京师范大学，2019.

［31］张友慧.小学数学教师课堂练习设计现状研究［D］.沈阳：沈阳师范大学，2019.